# The Cost of My Decision— El Costo De Mi Decision

*Ana Yolanda Chu*

PAGE PUBLISHING, INC.
New York, NY

First originally published by Page Publishing, Inc. 2019

ISBN 978-1-64544-960-7 (Paperback)
ISBN 978-1-64544-961-4 (Digital)

Printed in the United States of America

# Contents

# Preface

I first met Carlos Baca and his wife, Yolanda Chu, almost ten years ago when I visited the small New Life Mission. Carlos and Yolanda ministered to an immigrant, mainly Mexican congregation. A close friendship quickly developed between us, and a strong admiration on my part for their servants' hearts and love for the Lord and His kingdom. Today, the mission is known as Prince Avenue Hispanic Baptist Church, where I serve as a deacon in a congregation consisting of Anglos, Mexicans, Central Americans, and South Americans.

Yolanda is a person first of all committed to the Lord and to his work, a faithful partner and coworker in the ministry with her husband, Carlos, a servant of the church, and a model par excellence of a Proverbs 31 woman. In her role in the church in Athens, I see her as a servant always ready to help others. She offers transportation to those who need to go to work, shopping, or the doctor. She serves as a translator for needs in medical, professional, or legal appointments. She was instrumental in the founding of the Mercy Clinic, a medical clinic established with the purpose of serving people without economic resources. There she served as translator and as a member of the board of directors.

Yolanda's rich life experience enables her to understand and share the grace of God in various cultures. She knows the poor church in revival in Peru, the persecuted underground church of China, and the free and wealthy church of the United States. She has enjoyed life in a comfortable family and has suffered discrimination for belonging to an ethnic minority. Her own health struggles have given her not only an understanding of the grace of God in the midst of afflictions but also the ability to show mercy to other suffering brethren.

Yolanda converts her multiple gifts into blessings for others. Multilingual (fluent in Spanish, English, Mandarin, and Cantonese), she serves as translator and conference speaker in women's meetings for both the Hispanic church and the Chinese church in the United States. She participates in worship teams and trains and encourages other women to serve in communion and worship. Her oil paintings adorn the walls of her own home and the homes of friends, frequently displaying Bible verses that draw the observer's mind to the Savior.

It is with much pleasure that I see the publication of her first book. The reader will find in it not only encouragement for their faith but also the joy of getting to know a sister in the Lord who is passionate in her dedication to the Savior. I hope that on reading these pages, you will see the peace and love of a person dominated by the love of Christ—and understand the importance of knowing Christ in a personal way, as he is the only one who can give abundant life now and eternal life for the future.

Grace and peace,
Jack Bamford
Athens Christian School
Athens, Georgia, USA (2010)

# Introduction

My Christian name is Ana Yolanda Chu Chang. From the time I was a little girl, my life was characterized by extremes: the life of the immigrant Chinese as well as that of the Peruvians in Lima, the life of affluence in the home of my grandfather in Monterrico, and the relative poverty of the "Parada," where our family lived and worked. When I married Carlos, my life once again took another unexpected course, since I did not marry a Chinese countryman but a "guilow" (foreigner in Cantonese).

In this small autobiography, I wrote about the tribulations and victories of a Chinese-Peruvian girl, whose only desire in this life was to be a faithful Christian and to serve the Lord wherever he led her. I wrote these lines from Athens, Georgia, in the southern part of the United States.

I hope that the reader profits from this book as much as I have gained from writing it and living it.

# Prayer

My Father,
Most holy, most high, most good, most to be praised,
Three months have passed since I began
to follow you, but, oh Lord,
Examine me, look at my heart,
Try me and know what I feel.
Discern if I am going down an evil road
And lead me in the ancient path (Psalm 139:23–24).

Heavenly Father,
Despite these three months of following you closely,
I can confess to you that my faith
Has grown little bit, but it is very little,
Oh, by your immense goodness, increase my faith!

Loving Father,
Keep me falling into the temptations
Into which I keep falling,
Selfishness when I think only about myself,
Love for the carnal, lies when I deceive,
Forgive me, my God!

Dear Father,
Change me into an instrument for your great work,
I offer all my being in order that you to make
Whatever you want with me. Oh Lord, do not reject me!
I know that I am not worthy that you enter my house,
But one single word from you is enough to heal me.

Help me to serve all those around me,
To share the love that I have received from
you (that I do not deserve).
Help me control my anger,
To have patience, to be humble with everyone.

Help me to know your will,
Furnish me with the grace to understand what you desire.
Help me to understand your Word and also
Help me to find you in every daily task.
Thank you, Lord, for the love you showed when you gave your Son
Jesus Christ because you loved me and for his sacrifice on the cross.
Give me the joy of seeing you someday
Even though I am a sinner.
And I long to always give you thanks
And in every place I find myself.
Thank you, a thousand thanks, my Lord!
27 of April 1985

# The Eighties

The eighties were an extremely violent time in Peru. The state universities were the intellectual seedbed of the terrorist groups. Their ideas for "saving" the country was a novelty for impulsive young people of Peru, but I already knew that the ideas of Mao, Marx, and Lenin had brought to socialist countries, not only pain but also regression and poverty.

I admit to apathy and disinterest in this struggle on the part of us young "limeños" (the youth of Lima). We considered terrorism to be a bothersome political problem that did not affect us. The violence in Lima consisted of an occasional sporadic electrical blackout. We did not see the cruel killings taking place in the interior of the country until the terrorist madness—and the insanity of military groups fighting it—made the capital their war zone.

As we lived on the outside margins of the country's dire situation, the eighties were a very exciting time for those of us who spent our youth there. We enjoyed the first video games, as well as the unforgettable films like *Star Wars*, *Saturday Night Fever*, and *Grease*, produced in the seventies. We listened to pop music in English, rock in Spanish, and we danced salsa at parties.

---

*The eighties were a very exciting time*
*for those of us who spent our youth there.*

---

During this intense time, my friend Teresa taught me how to take the omnibus and to stroll through the Jiron de la Union while we shared adolescent confidences. At other times, we would saunter down the streets of San Borja together, walking and enjoying an ice cream or two. In the summer, several of us girls would get together and go to the beaches of Costa Verde. I intended to enjoy life to the fullest. Having spent twelve years in a strict Peruvian-Chinese school, I wanted to "explore the world" beyond the protective walls of the high school classroom.

For many of us, university seemed like a door, not only to adulthood but also, in a certain way, to freedom. I needed to choose quickly which university I would try to enter. The state universities were an option that fortunately I could dismiss since the strikes and the terrorism were a serious problem for an academic calendar in all of them. However, the most prestigious private universities seemed to me excessively expensive for my poor father, so I opted to try to enter the private university, Ricardo Palma.

I prepared for two months in a good preuniversity academy. Before the admissions exam, while I was strolling in the Jiron de la Union, I entered the church La Merced, downtown. There I knelt and said, "Help me, dear God, I ask only that you make it possible for me to enter the university."

---

*There I knelt and said,*
*"Help me, dear God, I ask only."*

---

Two weeks later, I picked up the newspaper one Sunday morning, and great was my surprise. I was admitted in first place!

I was ecstatic about having achieved first place on the admissions exam into the program of business administration and taking second place by only a quarter of a point. Then I realized that this had been the hand of God since what is a quarter of a point? Nothing!

This college of the university was known for its students being slackers and partiers, and I, in my heart, came back to God again and asked him, "Keep me from committing errors as I journey through the university." That is how I joined a group of young people—and some not so young—who tended to be studious. We helped each other in the courses and assignments. We spent our free times sharing one beer between us, with the girls smoking a cigarette from time to time. The parties were like the get-togethers of my school friends, quite "zanahorias" (read: healthy, wholesome). Thus, a rare camaraderie grew among us—a camaraderie that would last all our life.

I spent the mornings on the campus of the Richie (the nickname for the private university Ricardo Palma). The courses were relatively easy. In the afternoons, after studying, my only plan was to jump into the pool of our house in Monterrico. I so enjoyed the sensation of well-being and solitude while I was swimming. That on one of those occasions, floating face up, looking at the sunny blue sky, I asked God, "How long will this life of luxury last for me?" I was completely happy. I studied, I lived with my new university friends, and I swam. My world was perfect.

---

*How long will this life of luxury last for me?*

---

On Sundays, I would go to downtown Lima to hear the mass with my friend Ana in the chapel of the "O" of the San Pedro Church, and then we would go walking around, eating lunch and shopping.

At the age of seventeen, I had kept myself at the edges of romantic matters, mostly for fear of disappointing and being disappointed than for lack of interest. I got my first crush, named Pablo, who was in my college and had also organized a Christian study group in the Richie.

"You are not really a Christian," he would say to me.

"How so?" I responded indignantly. "I've gone to mass every Sunday since I was nine, and I read my Bible, although I don't understand it all."

"But you have not received Jesus as Lord and Savior."

And he kept on insisting that something important was lacking in my life.

At first, I went to the Christian Bible study group to please Pablo, but one afternoon, when three students from the college were praying, confident that God was going to answer their prayers, I said to myself, "That is what I am missing—their faith."

---

*I said to myself,*
*"That is what I am missing—their faith."*

---

I had never paused to think that God already answered my prayers, like the prayer to be accepted into the university, for example. Rather, I had the conviction that I ought to do something about my spiritual life. Thus, one night alone at home, I promised God, "I am going to keep your commandments, cost what it will, for all my life."

The first thing that God changed in me was my hot temper. I never had been able to control my bad temper, especially with my father and my brother Goyo (nickname for Gregorio). Invariably, I would end up shouting at one or the other, and although I made a valiant effort to control myself, I saw myself increasingly dominated by my anger. One of my first memories regarding my temper comes from an event when I was five years old. My mother, a generally peaceable woman, banished me from the house because I had broken Goyo's head with a stick in a fit of anger.

It wasn't easy for God to change this tendency of mine to give free rein to my ill temper. I read the book of Proverbs repeatedly, underlining the verses that spoke about wrath and anger. Every time I failed and fell back in the same behavior, I would cry before God because of this weakness of mine. Then I would go back and reread

Proverbs until I could recite all the underlined verses from memory. In later years, this struggle against anger led to my becoming a somewhat more cautious person and less inclined to speak and reply before thinking twice. Yet the threat of returning to my former wrathful temperament is a struggle that I will have throughout my life.

---

*Better a patient man than a warrior;*
*a man who controls his temper than the one*
*who takes a city. (Proverbs 16:32)*

---

It was during this time that the Word of God began to make sense for me. I—literally—jumped for joy each time I returned from the university to read my Bible because I was finally understanding it. Now when I look back, I realize that an inclination to obedience is a requirement for God to reveal his truths to those who desire to submit to him.

---

*I—literally—jumped for joy each time I returned*
*from the university to read my Bible.*

---

I changed not only in my way of thinking but also in my style of dress. I became somewhat puritanical and began to go to extremes in things of the faith. No longer did I drink beer, I wouldn't smoke, and I wouldn't go to parties. Something had changed within me, although I now recognize that it wasn't necessary to frighten my friends with my new way of living.

Recently, a school friend, Enriqueta, questioned me, "Do you realize it now? During that time, you functioned as a real radical."

Radical or not, I was in love with God. I broke off my relationship with Pablo because my parents wanted me to marry a Chinese man, and I obeyed them without argument because I wanted to please the Lord by obeying my parents. The truth is that before I broke off that short romance, I consulted a priest while I was confessing, and he told me that I was too young for a serious relationship since we were both only seventeen. In order not make a one-sided decision, I also asked Josefina, who was at that time the only evangelical believer in our circle of school friends, and she told me that I should obey my parents if I wanted to please God. Thus, with those two opinions, I broke up with Pablo.

---

*My new relationship with God*
*was an unforgettable experience.*

---

This breakup did not hurt because I had found the love of God in my life. I remember that in a park on the outskirts of the campus of the Richie, I joined Blanca and Beatriz, two classmates from the college. When I saw them approaching to gather to pray, my heart literally jumped for joy. My new relationship with God was an exhilarating experience.

---

*Sing to the Lord a new song;*
*let his praise be in the assembly of the saints. (Psalm 149:1)*

---

# To China

The first four years of study at the Richie went by rapidly. I studied business administration with determination and continued participating in the Christian Bible study group. On Sundays, when I could, I attended a charismatic congregation that met in different homes each week. There I was baptized by immersion on a beach at Costa Verde, but in reality, I needed a permanent church.

My father was forbidding my association with that charismatic group on Sundays because he feared that it was a religious sect. He even imagined that we went around in tunics dancing with tambourines! (Parenthetically, at that time, there was a new sect called "Ninos de Dios" [Children of God] which was deceiving young people and children, prostituting them and using their faith as an excuse.) Cautiously, Father gave me permission to attend the Chinese Christian and Missionary Alliance Church, telling me, "At least there, I'll know where you are and how to find you."

---

*My father...feared that it was a religious sect.*

---

Although he gave me permission to go to the Chinese Alliance, every Saturday, he would say to me, "You are not going to church tomorrow," and I would remain quiet, praying and asking God, "Let me go." On Sundays, very early, I would get dressed and pray in my heart until I came to my parents' door. I would knock and say, "Father, good morning. May I go to church?"

"Go then," he would reply, "but come back early." Each Saturday and Sunday were a test for my newfound faith in Jesus!

In this same time period, I had to take a new job for myself in the restaurant where my father had an opening (to keep me busy) since my classes were resuming at the university. I asked the Chinese church if they knew someone trustworthy to work as manager and cashier. I met Carlos Baca for the first time in the job interview that my father and I had with him. He was twenty-seven years old, and I was nineteen. He seemed like an honest man, and I admired him greatly for his sacrifice as he worked to support his mother and younger brother while also studying theology.

Carlos and I became very good friends, and he was later my mentor because many of the Biblical teachings I had received were doctrinally wrong. I learned through him that salvation cannot be lost, that the Holy Spirit manifests himself through the spiritual fruits more than in isolated experiences, and that the systematic study of the Word of God is of great importance. We enjoyed a very special relationship of friendship and discipleship since I prayed for his studies, and he prayed for my spiritual growth.

---

*We enjoyed a very special relationship*
*of friendship and discipleship.*

---

Many of the presentiments that I have had since childhood have been fulfilled. After just a few weeks of knowing him, I had a sense for sure that he would become my life companion.

I had almost forgotten a conversation that I had with God when I was sad because I did not have a partner at the time that I had renounced my first boyfriend.

"You haven't forgotten me, have you?"

"No," he answered me in my heart. "But he is not going to be of your race," God continued.

"He's not going to be Chinese? Then he is going to be gringo, tall, blue eyes."

"No…he is going to be black."

"My father will never permit it."

"Let me take charge of your family."

This chat with God took place while I was on a bus looking out with envy at the couples that were strolling together. And that day, without my knowing it, God was preparing me for the future.

As we grew to know each other better, Carlos and I were gradually falling in love. But each of us individually was asking God, "Separate us, distance us from each other, because we do not have a future together." The ironic thing was that the more we were asking God to take us down separate paths, the deeper and closer our relationship was becoming.

Finally, a day arrived that I, without having planned it, declared my love for him. I did not know that my declaration was the answer to a prayer of Carlos, as he told me years later. He had asked the Lord that in order for him to know for sure who the woman was that God had chosen for him, she should declare her love to him first and not the other way around.

We declared our engagement, and for one month, we strolled through parks, we went to the movies, and we had dinner together. I had never been so in love as I came to be with him, but my conscience would not leave me in peace since my parents knew nothing of this matter. I felt that it was my duty to tell them what was happening.

My father's violent reaction did not surprise me since he had told my brothers and me from childhood that our duty was to marry someone of our own race. My father did not waste any time. After a couple of weeks, he gave me a passport and tickets to go to China, accompanied by my brother, Goyo.

Carlos and I took this separation as a test of our love. If this was truly from God, the distance was not going to keep us apart, and we promised to see each other again in one year. That would not be at all easy, but I did not know it at that time.

---

*We took this separation as*
*a test of our love.*

---

*Many waters cannot quench love. (Song of Solomon 8:7a)*

---

# The Sleeping Dragon

In those days, many people opined that Peru was a beggar sitting on a gold bench due to the poverty of the country despite the natural resources that we possessed. This was a correct assessment. Nowadays, Peru enjoys a unique prosperity which is being recognized around the world. Even the former United States president, Bill Clinton, said in a visit to the country that the economic crisis in the United States and in the world had little or no effect on Peru.

At the same time, many international experts believed that China was a "sleeping dragon."

In the eighties, China had not yet recovered from the economic stagnation into which socialism had immersed her following the Japanese occupation and the Second World War.

For this reason, it seemed unbelievable to me that the terrorists of Peru wanted for our country the change that had occurred in communist China. When I went to Guangzhou in 1987 for a year of internship in a language school, China was a country even more backward than Peru.

That year, my brother and I crossed the border between Hong Kong and Guangzhou by train.

At that time, Hong Kong was still an English colony. The terrible contrast between the prosperous, noisy, and technological island of Hong Kong when compared with the silent, grim, and poverty-stricken Guangzhou, full of armed soldiers filled Goyo and me with equal sadness and seriousness.

Guangzhou, known also as Canton, was the most important southern province, as well as an ancient port that traditionally connected China to the rest of the world—both to the east and to the west—by means of the boats that set sail and anchored there.

Nowadays, apart from being a very important industrial and commercial center, this city receives thousands of visitors since it contains ancient monuments, museums, theaters, five-star hotels, restaurants of every kind, and commercial stores.

---

*He, as a city planner, was*
*sent away to care for pigs.*

---

My mother's family lived in Guangzhou. We stayed with her family on weekends when we were out of school. It was 1987. She avoided political topics, maintaining an evasive manner. My uncle was one of the professionals who, in the first phases of the Mao revolution, had been taken from the city to the country and forced to learn to be humble through hard manual labor. I know that my uncle endured ongoing aftereffects from those experiences because even though much time passed, he never spoke of the matter. He, as a city planner, had been sent away to care for pigs.

A photo from that infamous era shows him being forced to feed pigs, but he never spoke or gave his opinion of the government, since the fear of being arrested was a harsh possibility.

I also recognized an attitude of hopelessness when I spoke with my cousins, the family of my father. I had the impression that they did not care about the future because the future had nothing to offer them. They could not improve their present conditions because there could be no change in jobs unless the central government ordered it, and the State, at that time, rarely changed the status quo. Neither did they have dreams and aspirations because they worked in the same job in the same factory for decades, hoping to receive a miserable pension on retirement. I suppose that nowadays, the situation is very different since the economic prosperity of China has surpassed all expectations.

The Cultural Revolution of Mao, it seems to me, did much damage to the education process in general since it erased from

China its deep-rooted sense of respect for elders, its ancient friendliness, and many altruistic principles of ancient times. What I found in the streets were people who were quite rude, especially after the "one per family" policy was implemented. This type of birth control is practiced even now in which the State permits couples living in cities only one son or one daughter, with only two children allowed per family in the country. As a result, this generation of youths in China is selfish since each young person feels himself to be the most important person in his home.

What socialism had succeeded in doing by changing the ancestral culture of the country and imposing the Marxist-Leninist ideology was to foster a mainly atheist population, one that did not believe in God nor trusted in any religion, since for Karl Marx, religion was "the opiate of the people."

---

*This generation of youths in China is selfish since each youth feels himself to be the most "important" one in his home.*

---

In the midst of these circumstances, underground churches arose in the principal Chinese cities. These later extended even to the farthest villages. The government tried to squelch them by arresting the pastors, but these pastors showed themselves to always be ready to suffer and to die for Christ, such that once freed, they returned to the meetings in clandestine churches that generally were located in someone's house. Finally, the government, not able to eradicate the churches, decided to tolerate them but sent spies to them in order to ascertain whether they were saying or teaching anything against the State.

At first, I attended a church approved by the government, but it did not satisfy my eagerness to listen to the Word of God. One day, a Chinese American, who was taking a summer course in the language school, told me that there was a very good church, but that it was somewhat dangerous to get involved in it. I trusted that carrying my Peruvian passport, the government was not going to make any problems for me if I attended some religious meetings, so I went full of anticipation to the little house located in the center of the city.

I was amazed to see that the stairway that led to the second and third floor—where the pastor was preaching—was crowded with people. Those who were not able to sit down on the upper floors, like me, listened to the sermon through the loudspeaker from the narrow wooden stairway, which was full since each person sat in any empty spot he could find. I was almost sitting in the doorway that led to the street because I had arrived late. Most of the people looked like peasants who certainly had come from far away, since their Maoist uniforms and their sunburned faces made them look very different from the people of the city, who dressed in a less dressy style.

---

*Those who were not able to sit…listened*
*to the sermon through the loudspeaker.*

---

The second Sunday, I got up a couple of hours earlier and arrived at the house church with much anticipation. I was amazed to hear the prayers of multiple persons, interceding for the preaching that had not yet started, but what impacted me most was their reverence since they were on their knees with their faces to the floor while they prayed long prayers to the Lord.

At times, we think that there is no perfect church here on the earth, but if you ask me, I can say that that church in Guangzhou was the nearest thing to a "heavenly" church. After a climax in the sermon, we sang a hymn of dedication to God and then followed the second part of the preaching. Each sermon lasted much longer than an hour, but the thirst for knowing God could be seen in the faces of those humble peasants, who did not move until after the message and the service had finished. That reverence for the Word of God is difficult to find!

Since the Bible was forbidden material, the pastor printed Bible studies to give to whoever wanted them. The Sunday sermon was also mimeographed so that one could continue studying it at home during the week.

One of my roommates from the language school was a young Peruvian Chinese woman, like me, whose name was Angelica. She went with me to the clandestine church, and although she knew much less Cantonese than I did at that time, in an admirable—or miraculous—way, she managed to understand the pastor's long sermons. From this experience, I believe firmly that the gift of tongues is manifested in moments when it's needed.

The quantity of house churches in China that operate in a clandestine way is increasing every day, as is the quantity of believers in them. They are churches that do not need costly buildings nor a great organization, nor great preachers or musicians. Only thirst and the felt need for the Word of God make them grow and multiply.

---

*I will call her my 'loved one'*
*who is not my loved one. (Romans 9:25b)*

---

Today, China continues to be a socialist country with the Communist Party firm in firm control of the government, but it has changed in a very important way. It uses a market economy to negotiate with the rest of the world so that Chinese products have invaded the world. There is an incredible economic bonanza never before seen in the most populated country in the world. The State continues to control the lives of the Chinese, but now it is immensely rich and can give itself the luxury of being generous with its people. Mao's dream of turning China into a superpower has become a reality in the twenty-first century. The sleeping dragon has awakened!

---

*The dream of turning China into*
*a superpower has become a reality.*

---

# From Cantonese to Mandarin

Cantonese is my first language. I have spoken it since I first began to use words. Alongside Cantonese, I learned Spanish when I went to the first grade at six years of age. My mother did not speak Spanish either. She spoke Cantonese when she traveled from China to Peru in order to marry my father, whom she knew only by photographs and friendly letters.

The truth is that my two grandmothers, as matchmakers, had arranged the union of my parents when both were still children. The grandmothers were neighbors back in Guangzhou. My father had returned to Peru fifteen years earlier with my uncle Faustino to work and get money for his family, sending sums of money every month to my grandmother Carmen until they accumulated sufficient funds to bring, first, the grandfather Jorge and later, all the family to Peru. When the proper time came, both grandmothers encouraged these two young people of marriageable age to write letters to each other. The correspondence between them flowed freely, and they felt attracted by their personalities.

In 1965, my mother traveled to Peru. She got off the plane wearing a long overcoat, dark glasses, and a scarf on her head. That was the style in contemporary Hong Kong, very modern in comparison to the Peruvian style of those days when even the wearing of pants by women was not very common in Lima. In the airport, when he saw her at a distance, my grandfather Jorge and my uncles Julio and Felix—still teenagers—surrounded my father and asked him, "What do you think? Do you like her?"

At the moment, my father was suffering, thinking, *She must be very ugly, the poor thing, because she covers herself up completely.* When they arrived at the house, my mother took off her coat, her glasses, and the scarf. Then my father's soul returned to his body since she was, undoubtedly, a very beautiful woman. Not only was she physically lovely, but she also possessed a peaceable temperament, which perfectly complemented the choleric-sanguine nature of my father.

---

*She must be very ugly, the poor thing,*
*because she covers herself up completely!*

---

For several months, they enjoyed their companionship, and shortly, were married in the Basilica of San Pedro. My mother was baptized at the age of twenty-one so she could participate in the sacrament of matrimony although she (truth be told) did not understand Catholicism well at all. My father, for his part, was neither a professing Christian nor a devout Catholic; however, he was heard to say from time to time, "God gave your mother to me." The Bible aptly says, "He who finds a wife finds what is good and receives favor from the Lord."

---

*He who finds a wife finds what is good*
*and receives favor from the Lord. (Proverbs 18:22)*

---

I know that some arranged marriages have much less luck than my parents had, but the Lord had mercy on them, and they were happy for more than thirty years rearing three children until the day that my father died of a heart attack. I am the firstborn, born in 1967. Because of her baby, my mother had few opportunities to take Spanish classes. Mama fit in perfectly with my father's family in Lima since the members of the family were very conservative. Not only did they eat Chinese food invariably every day, but in the house, only Cantonese was spoken in spite of their living in Peru. And we followed the same custom.

---

*And they were happy for*
*more than thirty years.*

---

This may be why the year I studied in Guangzhou seemed to me to go by quickly since it was not difficult for me to get used to the language, to the food, or to the people. However, in the language school, they did not teach us Cantonese but Mandarin.

Fortuitously, we had classes in Mandarin almost daily while I attended secondary school in the Peruvian Chinese school Diez de Octubre. In these years, I used to cry because our Chinese teacher, Mr. Yueng, was very strict. "You are Chinese, and your parents speak Chinese," Mr. Yueng would exclaim loudly when he saw my bad grade on one of his exams. Immediately after, I would receive a strong ruler slap in the palm of my hand as a punishment "for being Chinese" and getting such a bad grade in his class. Many years later, now in Guangzhou, I was deeply thankful because he helped me to reach a good level of Mandarin, free from foreign accent.

The modern trend and the method that are currently used to teach Mandarin in China itself to are simpler—and less drastic—than those of Mr. Yueng. The Chinese government has changed the phonics and now uses an alphabet for the sounds. Writing has also been modified and simplified, a great deal simpler than traditional writing.

Mao Tse-Tung, who rose to power with the "class struggle from the country to the city," gave China a stability that it had not had for decades, and one of his many accomplishments was that of imposing a unified language—Mandarin. When Chang Kai Tse had to withdraw with his troops to the island of Taiwan—also known as Formosa—because of the communism advanced by Mao, he also imposed Mandarin as the official language of Taiwan but retained the traditional writing and phonetics.

The people who were born and grew up in Guangzhou speak Cantonese at home but in the schools, at work, or in the streets, they must communicate in Mandarin since not everyone who lives in the province of Guangdong—or Canton—are Cantonese. Nevertheless, the Chinese people who decades before had dared to leave China and traverse by boat to reach American soil, be it California, Panama, or Lima, were primarily Cantonese.

Both in the People's Republic of China and in Taiwan, Mandarin is the official language. Apart from Mandarin and Cantonese, there exist more than four hundred dialects and many more minority ethnic languages—languages completely different from Chinese.

I understand why Mandarin was chosen as the official language since it is quite easy to learn.

I could see many foreigners from different parts of the world studying and speaking the Mandarin language with little difficulty. As for me, after six months in the language school, I had a fairly decent grasp of Mandarin, and by the end of the year, I could read and write simple texts. The first year of training in any language is really only basic. My friend Angelica, who remained for all three years—the time dedicated to complete the course—left the school with a job as a translator for the Spanish consulate in Hong Kong, where she works until today.

# The Temptation

The year I studied in Guangzhou seemed to me to go by quickly. The school in Guangzhou was called "School of Culture and Literature for Chinese from Overseas." Chinese from overseas were those Chinese born in a foreign country (here in Lima, we are called, in Cantonese, simply "tusan"). In reality, the school accepted really anybody who wanted to study the language even though they may not have been of Chinese descent. We had tusan classmates who came from Zimbabwe, Mauritius Island, Panama, and other parts of the world. But the great majority of the students came from Thailand. They were very different from the other students, almost always coming and going as a group with their hair long, clothes too baggy, and an attitude of "rebel without a cause."

Fortunately for my friend Angelica and me, our roommate named Ian, although Thai, was very laid-back and very diligent in her studies. The three of us shared a dorm room that had a bathroom although we had to haul any hot water in pails from the water heater in the women's pavilion.

Ian taught us the melancholy music of the Carpenters and to eat Thai food, decidedly very spicy. Angelica taught me to play sports and to live in an austere manner since she was very careful with her finances, and she went with me to church during all that year.

The language classes in the school included painting, singing, and kung fu. It was a year in which I learned much about the country of my ancestors, but, above all, I learned much about myself.

Naively, I thought that the purpose of this trip was only to study, but my parents had another objective—that I find a good Chinese husband. My maternal grandmother chose the perfect candidate, a distant cousin, chef for a restaurant in a five-star hotel, young and good-looking, who was willing to go to Peru if all went as my grand-mother was planning. He took me to different churches, thinking thus to please me. He invited me to go out and was a total gentleman at every moment, but we had nothing in common. Besides, I had covenanted to be faithful to Carlos in spite of the miles between us. My grandmother's candidate, the chef, was not a real threat to my relationship with Carlos, but a friend from the language school did become a "temptation from the devil" to me.

---

*He took me to different churches,*
*thinking thus to please me.*

---

In our eagerness to experience different things, the little group of students who spoke Spanish would go out together exploring the city. We sampled the varieties of Cantonese food in the infinite number of restaurants and nooks that we discovered. We strolled along the main avenues and relaxed in the many parks in the city. Then one day, we discovered that there was a ballroom on the school campus itself which the teachers frequented every Friday night as part of their leisure activities. When we showed up at the ballroom, the teachers welcomed the unexpected disciples. They patiently taught us the waltz and polka steps, among others. We all danced until very late at night, and finally, only two student couples remained with the teachers—my brother Goyo and Monica, who would become my sister-in-law, and Marvin, the young man from Zimbabwe, and myself.

Everything was blissful that night until Marvin whispered in my ear in Mandarin, "Their dance is theirs, and this dance is ours." It took me a moment to understand the meaning of what he was telling me, and I was afraid of the intimacy that his words implied.

Later alone in the dorm, I made a decision not to speak to Marvin again except as strictly necessary so as not to be rude. With my bad luck, he sat behind me in the classroom. He was one of those few young men who are friendly and considerate with everyone. He spoke five languages, and his family owned extensive holdings in large plantations in his native country. Marvin was older than I by some three years and had an enviable body. He was not only tall but also athletic and light-skinned. But I had full assurance—from God—that Carlos was the one He had chosen for me. And that night, I begged the Lord with all my heart, "Keep me from temptation."

---

*Since he himself suffered when he was tempted,*
*he is able to help those who are being tempted. (Hebrews 2:18)*

---

# May She Not Become a Nun or Marry a Peruvian

I believe that God, in some way, revealed my future to my father when I was born since he, when he realized that his firstborn was not a boy but a girl, set two things as a goal for my future—that I not become a nun and that I not marry a Peruvian. That is why he avoided sending me to Catholic schools in my early years, but I had desires for God from a very young age. I remember that one time I was looking out the window at a splendid blue sky, and I said to God, "Why don't we all praise you and thank you for so many beautiful things?" I was only seven years old, but it was important to me to praise and adore Him!

When it came time to choose the kindergarten that I would attend, Papa avoided putting me in the nuns' school that was just two streets from our house and preferred that I go to the local school. Later, when he had to choose a Chinese elementary school, he opted for the "Diez de Octubre." There were only two Chinese schools in Lima: one run by priests, the Juan XXIII, and the other, the Peruvian Chinese school Diez de Octubre. I studied there from the age of six until finishing secondary.

As I searched for God, I was invited by the nuns from the San Pablo bookstore that was a block from the Plaza de Armas to participate in their retreats, but I never had the chance to go to any of them. Neither did I pay any attention when a lady doctor tried to talk to me about Opus Dei after she learned that I spoke several languages. From all appearances, it was becoming clear that I was not going to become a nun even though I would, later, dedicate my life to God.

I returned from China to Peru after having begged my father by letter to send me the return fare. My uncle Dagoberto came from Lima and gave me the airplane ticket, saying, "Incidentally, you should know that all the family has been interceding for you and working to convince your father that he brings you back to Peru."

That filled me with joy since I had received no mail from Carlos for several months. I had been extremely afflicted because of it. My father's other goal for me was that I not marry a Peruvian.

---

*All the family has been interceding for you.*

---

When I got back to Lima, the most important thing for me was to get back together with Carlos. My surprise and disappointment were immense when he told me that he didn't want to have anything to do with me. Of course, he did not tell me that my father had asked him—while I was still in China—that we not see each other because we had nothing in common. Besides, Carlos was afraid that someone might be sent to kill him or to poison him as he had often seen in his favorite kung fu movies.

I became ill due to this immense obstruction, and a doctor friend of the family told my father, "Cecilio, she has no physical illness except a slight anemia. Work on the emotional problem that your daughter has."

So my father called Carlos who refused to speak to him for fear of some reprisal until at last, Father showed up at the Chinese church and asked Carlos to see him in his office. When they met, my father asked him to go out with me as friends. He implored him with tears in his eyes. Carlos, still very frightened, thinking that it was a trap, delayed a week in speaking to me. Later, we renewed our friendly and emotional relationship until we came to the point of wanting to marry. This was the conversation that Carlos had with my father after some months.

"Don Cecilio, I want to ask your permission to marry your daughter."

"Get married then. I consent."

"But your wife, what does she think?"

"We are Chinese. I am in charge here. She will have to accept."

"But we are Christians. Without the blessing of both, we cannot marry."

After this conversation, we petitioned God that my mother would accept our relationship. After a year, she finally said, "I will no longer oppose the blueprint of heaven. I give my blessing for you to marry."

---

*I will no longer oppose the blueprint of heaven.*
*I give my blessing for you to marry.*

---

So it was that in less than a month, we organized the wedding. My aunt Rosario made the wedding cake. Aunt Elena, showing off her sewing skills, designed and made my wedding dress, and my cousin Wasan gave us the wedding banquet that he himself prepared. Truly, it was a wedding to remember. In attendance were not only members of both families but also brothers and sisters from the Chinese church, classmates from the Alliance Bible Institute where Carlos studied, my classmates from the Richie, and my childhood friends from "Diez de Octubre." I was deeply grateful to God for being able gather with them all at such a special time for me. And this is the verse that adorned the wall in the reception hall:

---

*Every good and perfect gift is from above,*
*coming down from the Father of the heavenly lights,*
*who does not change like shifting shadows. (James 1:17)*

---

# Fujishock

We were married on July 26 of 1990, the week in which Alberto Fujimori, a Japanese Peruvian who assumed power in his first term. We spent our honeymoon in the beautiful city of Arequipa. Something terrible had just occurred. When we returned to Lima, we learned that the prices of food staples had risen by 300 percent. The country's economy was being restored on the backs and with the sacrifice of all the Peruvians, devaluing the national currency in a drastic manner. From night to morning, we Peruvians had become poorer than we already were.

God provided for Carlos and me. As wedding gifts, we had received many *hon pau* ("red envelopes" which symbolize luck and prosperity) that contained cash money and, most importantly, in United States dollars, not in soles or Peruvian currency. During that time, some twenty of us, including Carlos and me, worked for my father in the distribution of rice. We ended up selling the rice by the kilo on the street instead of by trucks to wholesaler markets. It was a terrible time for everyone.

I would receive an even more permanent shock. After two months of being married, I went to a gynecologist only to learn that I had conceived a baby on my wedding night! I was devastated after the news because we had no house, not even an independent job.

Ready or not, my daughter Carolina was born totally healthy in spite of the fact that I had an extremely high fever in the fifth month of pregnancy. Carlos, seeing that my depression was not getting any better, made a wise decision. We would go to live with his mother in Ventanilla.

Six months after Carolina's birth, I was hospitalized for the first of what would be five surgeries for an extremely painful gynecological problem called endometriosis. I spent my days taking pills for the pain. The neighborhood pharmacist was horrified at the quantity of Motrin that I was buying. When the pills no longer helped me, they injected me with sedatives. It was thus that we decided on the surgery. The postoperative relief was impressive but brief. Soon the pain, the pills, and the sedatives returned—and later another surgery until to the point of a total hysterectomy.

(I dare to propose that in the Bible story, the woman with the flow of blood that was healed when she touched the garment of Jesus, suffered from endometriosis.)

---

*The postoperative relief was impressive
but brief.*

---

At the same time, they discovered my psychiatric problems. I would change drastically from a state of euphoria and hyperactivity to one of deep depression and inertia, in an inexplicable manner. I went from specialist to specialist, but each treatment was worse than the one before. I remember one time having stayed asleep and later awakened—several months later! Carlos told me that he fed me and bathed me in my unconscious state for months. It was meant to be a sleep therapy, which my husband decided to stop because it didn't do me any good. After this, I had insomnia for many weeks. I slept only one or two hours a day until Dr. Chang—who had his medical office in Chinatown—said to me, "Why don't you consult Dr. Queirol?"

In spite of his extremely high fees, we went to San Isidro to see the famous Dr. Queirol in his house/medical office. After speaking with my parents, with Carlos, and with me, he prescribed the two medicines that would cure me. When he saw the result of my blood test, Dr. Queirol began to prescribe lithium for me. At that time, there was only one laboratory in Lima that made the needed dosage of lithium. At the second visit, he prescribed a medicine for epilepsy with the goal of controlling my erratic thoughts. Today, this illness has a name and is a little more common—bipolar syndrome.

---

*He gave thanks to God because he knew*
*that this time I was going to be healed.*

---

Carlos had had a dream involving these two medicines by their generic names. When he bought them in the pharmacy, he saw the generic name under the commercial name—then he was very much moved—and in his heart, he gave thanks to God because he knew that this time, I was going to be healed. Ever since they had stopped the pills for sleep therapy, he had been crying out to God to send me relief.

---

*Behold I will bring health and healing to it;*
*I will heal my people, and will let them enjoy*
*abundant peace and security. (Jeremiah 33:6)*

---

I believe that God can heal miraculously by means of doctors and medicines (or without them). I have seen the Lord cure cancer, infertility, and other types of illnesses. I have also witnessed times when God sometimes does not give healing and then communicates healing in other ways. But in my case, the Lord wanted to heal me and used medicines, which I still take in order to maintain my health.

Truth be told, Carlos was the one who suffered the most in those years as he was trying to finish his theological studies while caring for a sick wife almost all year and rearing baby Carolina with the help of his mother. In those days, had it not been for the care of my mother-in-law, Lucrecia, we would not have been able to overcome the difficulties. I am especially grateful to her that she provided a normal childhood for my daughter.

In the early weeks, they took me to different doctors. I needed treatment for two serious conditions at the same time, but we had to decide if I would receive the gynecological or the psychiatric treatment first. We vacillated between one specialist and the other, but my abdominal pain took first priority. The abdominal pains were like childbirth, with the difference that they did not appear for only one day but every day of the year. Due to my bipolar problem, I was not allowed to go out alone to the street nor to church since in my stage of hypermania, I did and said things that I later regretted, and I was too active.

In the depressive stage, everything was just the opposite. I only wanted to be closed in without any desire to say or do anything at all.

My father even offered my husband his freedom as he wanted to commit me to a mental institution, but Carlos refused, answering that we married "in sickness and in health."

Thank God for that because if he had accepted, I would still be confined in a sanatorium!

Carlos was an associate pastor in the Alliance Church in Ventanilla, and he tried to serve God with joy. A few knew how ill I was because he put on a joyful face whenever he went to the church. They were years of pain but also of seeing the mercy of God. A little before coming to the United States, I had a complete hysterectomy, and with that, the endometriosis and the pain ended. The bipolar problem is now a more well-understood disease, and the medicine is more modern, so that I can live a relatively normal life.

---

*I would have despaired unless I believed that I would see the goodness of the Lord in the land of the living; wait for the Lord; be strong and take heart and wait for the Lord. (Psalm 27:13–14)*

---

# Don Cecilio

Father was known simply as "Don Cecilio." Since the age of thirteen, he had worked as an employee in a grocery store because my grandmother Carmen had taken him out of school in China to come to Peru to advance and support the family.

Don Cecilio was born in Chiclayo, Peru, in 1939. He lost his father, Apo Chu, a very successful businessman, to a stroke at the age of forty. Thus, orphaned at the age of three, he moved to China with my grandmother, a very young widow, and his siblings, all of them still very young.

My grandmother remarried, but the postwar economic situation in China was terrible, so they decided to send my father and his older brother, my Uncle Fausto, back to Peru for work.

"Cecilio, it is time for you to return to Peru." With these simple words, my grandmother Carmen ordered my father to forget his studies when he was thirteen. He cried his eyes out as he saw other boys going to school with their book satchels while he was preparing for a passage to Peru.

Both brothers worked in Lima from adolescence for years, sending back almost all the salary that they received until they were able to bring, first, grandfather Jorge, then our grandmother, and the younger siblings—Carmela, Julio, and Felix—to Peru, keeping only a little for themselves to go to the barber.

My grandmother, upon arriving in Peru, urged both young men to open their own wholesale grocery business, like that of the Mayorista Supermarket. Thanks to the business contacts they had acquired in all those years of working as employees, they were able to do so. It was a risky decision because they really had no initial capital to count on.

The grocery business prospered, and they were able to open, in the seventies, a Pekin duck farm to supply the Chinese restaurants. In the eighties, when the rice distribution business ceased to be monopolized by the Peruvian State, they began their rice distribution business. They also built the house of her dreams for my grandmother—an enormous home of nine rooms with a pool in the exclusive neighborhood of Monterrico.

Don Cecilio was one of those people who, although driven by business, tended to lend money to his employees and later "forgot" about collecting it. He never denounced those who stole from him, and he was always disposed to help whoever needed it even though he might come out on the short end economically. He was someone who could resolve conflicts, be they of his family or among the workers, and he was beloved by all who knew him. I remember a conversation between him and an employee of his in the days before the Peruvian State provided information on birth control.

"Don Cecilio, can you give me a loan?"

"What for?"

"My wife is pregnant."

"Again? Do you all not take precautions?"

"No, Don Cecilio, we don't know how."

"How many children do you have already?"

"Five. With this one, it will be six."

I then was witness to how my father explained the use of contraceptives and condoms and gave the man the loan, which, I suppose, was never repaid.

Another of his characteristics which I greatly admired was his capacity to forgive those who offended him. Because of that, I believe firmly what Paul says:

---

*When the Gentiles, who do not have the law, do by nature*
*the things that are required by law,*
*they are a law unto themselves,*
*even though they do not have the law,*

*since they show that the requirements*
*of the law are written on their hearts,*
*their consciences also bearing witness,*
*and their thoughts now accusing,*
*now even defending them on the day*
*when God will judge men's secrets*
*through Jesus Christ, according to my gospel. (Romans 2:14–16)*

---

There was another endeavor that made me love him even more. When my grandmother Carmen took to her bed with cancer of the lungs, Father went every night to care for her. He would take her to the bathroom and help her with hygiene. He had always been a hypochondriac and saw bacteria—real or imaginary—in everything around him, but he put aside his fears in order to care for his mother. Furthermore, he sent me to accompany my grandmother on the days when she received chemotherapy. He would sleep in the hospital with her at night despite his exhausting hours at work.

Father was admirable for his honesty. When he liquidated his businesses after the fujishock, he had no debt either with his suppliers or with his employees. However, he did not have the economic means to start up a new business, so he came to the United States with a resident visa. Together with my mother, he worked as a dishwasher, receiving only one salary for the two of them. But in this way, they could be together and still have one day free to spend in Miami. (This was unusual for him since in Lima, he would spend Sundays doing the books for the businesses).

---

*In this way, they could be together.*

---

He was very proud of himself when he got his driver's license in Florida even though it wasn't necessary since they took the public transportation. And he felt rejuvenated at being able to start over in the United States at the age of seventy as if he were that little boy of thirteen returning to Peru.

In the end, he decided that life in the United States, although it rejuvenated him, was also isolating them from us. So before returning to Lima, he took Carlos's curriculum vitae (résumé) to the city of Athens, north of Atlanta, to Pastor Manuel Rojas, who would support him in the United States. Father wanted to be certain for himself that we were going to settle in a good place.

A month after returning to Lima, my father had a heart attack and died in the arms of my mother, who was taking him to the hospital in a taxi. Thank God, my brother Goyo and his wife Monica had already established a thriving business in Peru. My father had helped them start it, and my brother Raul had just finished his coursework in industrial engineering. Carlos and I had an invitation to go to the United States.

We were at peace with the manner in which God took him since convalescence in a hospital would have killed his spirit. My aunts and uncles wept much for him and his employees even more—most of them now work with Goyo.

---

*His employees wept even more.*

---

My daughter, Carolina, and her young cousins, Pablo and Catherine, remember their grandfather Cecilio because they used to watch the cartoons *Tom and Jerry* together. He would also take them to the newspaper stand to buy them little boxes full of surprises. My niece Sophie, younger daughter of Goyo, and the twins of my brother Raul, Diego and Matias, never had the chance to enjoy their grandfather. But I am sure that Father, had he lived to know them, would have been intensely happy and would have spoiled them with simple things.

My father's death left me with a persistent emptiness. Many of us missed him since noble men, capable of inspiring others, are rare, and Don Cecilio was one of them.

---

*The memory of the righteous will be a blessing. (Proverbs 10:7a)*

---

# The United States

In 1995, Carlos began to ask God to take us to the United States. He did not tell me anything about this prayer, but one night, I dreamed about jails for immigrants who did not have work papers for the US. Deeply moved by emotion, I told Carlos what I dreamed, and it coincided with the news of some massive influx of immigrants at that time. We decided then that we would both pray for a chance to come and be able to work with immigrants, but we wanted to do it in the role of a pastor or a religious worker.

After praying for a year, God showed us that the only way to go to the United States was for someone from there to come to Ventanilla since we had no contacts we could count on in the US. That's how Fidelina, who was living in Athens, Georgia, showed up in the church in Ventanilla. She knew that God was sending her to Peru on a mission and thought that it was to take her mother to church. Never did she imagine that God was using her to introduce and connect us with her pastor in Athens, the Reverend Manuel Rojas, who desired to retire and was looking for pastors for Northeast Georgia.

My father wanted to investigate Athens before we would go there. He carried Carlos's curriculum vitae personally to Georgia. He returned satisfied and encouraged us to apply for tourist visas for all three of us: Carlos, Carolina, (who was six years old), and me. At the time, we thought two things—that Father was crazy since it was very difficult to obtain a visa then (even more difficult still for an entire family) or that he had more faith than we did since the invitation to preach was only for Carlos. But he insisted that we all three apply for visas, and much to our surprise, they were granted to us.

We came to Athens several times between 1998 and 1999, always with a tourist visa until they offered Carlos a permanent contract to work as pastor here in Athens. So we went to the American consulate in Lima for a second time and applied for a religious worker's visa.

Pastor Donald Scarrow, director of the Christian and Missionary Alliance Mission, wrote very good letters of reference for both visa applications for Carlos (the tourist visa and the religious visa) addressed to the American consulate. Carlos, who had known Pastor Scarrow only from a distance in his years as a theology student, never imagined that he would offer to write the letters of recommendation. On both occasions in which Carlos went to his office, Pastor Scarrow asked Carlos to tell him what it was that God was showing him. He then added in an enigmatic way, "It is going to take a miracle for them to give you the visa." A double miracle occurred since we were granted both visa applications. We are grateful to God and to the Reverend Scarrow.

By God's grace, we adapted very quickly to the people of the Hispanic church, who were for the most part of Mexican origin. Carolina did very well in school in spite of her non-English background, and her teacher recommended her for several student awards in her first year in Athens.

Here in the United States, my health was improving although I was never able to work consistently outside the house, but God provided so that we could live on only Carlos's salary.

On one occasion, his salary was quite small, but we knew that, just as God had provided for all our needs in Peru, he was going to do so also here in the United States.

---

*Those who, moved by the love of God, sustained us.*

---

While we lived in Ventanilla, there were many occasions in which we did not know if we were going to be able to pay a bill, but God always sent the money just for that need. At other times, when we'd return from some evening church work, we would ask ourselves if we would be able to shop for the daily needs of the house the next day. But when we got home, there would be groceries and cash that someone from the church had left for us. Surprisingly, my mother-in-law never knew who our benefactress was. Much later, we discovered that it was Violeta, who, before we came to the US, gave us a generous offering in dollars. We will never forget all those who, moved by the love of God, sustained us, not only economically but also in prayer.

---

*Blessed are the merciful, for they*
*shall obtain mercy. (Matthew 5:7)*

---

Just like Violeta, there were many others who had compassion on us since they knew that the church only gave us money for gasoline, and Carlos had to work as a taxi driver in order to support us. We did not complain since that was the will of God for that time.

Brother Maximo, who is now in the presence of the Lord, is another example of the provision and power of God. He was a butcher in Ventanilla and very different from his wife, Lida, who was extremely generous. Maximo came to the feet of Christ as an older man. God told him to offer Pastor Baca and his family a half kilo of meat from his business every two weeks. His obedience to God and his generosity made our life easier during those years of scarcity.

---

*One man gives freely, yet gains even more;*
*[...] A generous man will prosper;*
*he who refreshes others will himself be refreshed. (Proverbs 11:24–25)*

---

I don't know why I had the mistaken idea that in the United States, God would not be able to manifest his mercy, but the truth is that ever since we arrived, there have been many Christian brothers and sisters who have opened the doors of their homes as well as their hearts to us. We received not only their hospitality but also helping hands that sustained us, interceding for us as well.

My eight-year-old daughter, in the second year of living in Athens, began to show some very negative attitudes and an inexplicable rebellion that made me react violently in front of her. Carlos and I were frightened by the situation at home, but we felt totally helpless. We noticed that the aggressiveness and changes in Carolina lasted from Monday to Friday, and on the weekends, she was the same tranquil child that she had always been. It wasn't hard to guess that the influence was coming from the public school. Therefore, Carlos had in mind to return to Peru since he would rather lose his work than his daughter.

Thanks to the intervention of Jack Bamford, an Anglo deacon in our church, Athens Christian School offered us a scholarship, which they renewed for eight consecutive years. Many have helped us live a more bearable life in this country, but the best assistance we received was given by this private Christian school by granting a complete scholarship to Carolina.

Other miracles awaited us when she finished school. On one hand, she was offered a complete scholarship to the University of Georgia sponsored by the Bill Gates Millennium Foundation, and on the other, Carolina's boss (she worked on weekends as a receptionist for Acura-Volvo in Athens) gave her a modern computer for her personal use. I declare now that we owe our daughter's education to God and to generous persons and institutions that helped us during all this time.

---

*We owe our daughter's education to God.*

---

49

# E-mails

Our first years in the United States were difficult. I had studied English from a very young age, but the American usually speaks fast and uses many idioms. Here in Georgia, they have, additionally, a strong southern accent, which makes them very difficult to understand. Carolina adapted rapidly to the language. In Peru, after she learned to read in Spanish at five years old, I immediately taught her to read in English. And although she did not understand all the meaning of what she read, I concentrated on her being able to identify the sounds. At the end of her first year of public school, she was on grade level in all her courses.

Carlos and I adapted to the language more slowly. I spent many hours with the television on in order to improve my English. In my first year here, God, in his mercy, answered a prayer I made before we moved here—to find an American friend. Katie Roach began to give classes in ESL (English as a second language) in our church, and we were inseparable friends during that first year until she moved to another state for her husband's work. Katie taught me not only the language but also how to live in the United States. Even though she was younger than I, we shared many things together, and when she left, it left me with a profound void.

In those first years, Carlos spent his time in the office and Carolina at school. I did not have a work visa or a car to transport me places, so I stayed home almost every day, wishing only to be able to talk to someone. To communicate with Peru by telephone was costly, but there weren't as many options then as now until the answer to my isolation arrived—the internet. I felt supremely happy when we could have a connection in the house, especially when one day, I received an e-mail from Raul, a friend from Diez de Octubre.

My former school classmates had formed a group to share e-mails, and Raul invited me to participate in it. I was so excited that I wrote e-mails at all hours (morning, afternoon, night, and the wee hours) since I had not spoken with them for more than twenty years except briefly at my father's funeral when some of them had come to give condolences. Later on, God would give me yet another gift. I was able to visit my childhood friends on several occasions when I returned to Peru to visit family.

---

*I was so excited that I wrote emails at all hours*
*since I had not spoken with them for more than twenty years.*

---

In the year 2008, we celebrated our twenty-fifth graduation reunion, and as part of the celebration, we watched a CD with photos from our first years in school, prepared patiently by my good friend Teresa. There were several get-togethers in Lima to celebrate the occasion, and the reunion was memorable. But Enriqueta and Jaime, both of them classmates since the first grade in primary gave us the biggest surprise—they had married recently and now had a beautiful little girl.

There are people who found their "better half" by means of the internet. As in the film *You've Got Mail*, my brother Raul found Ketty by means of a web, "chat." They wrote e-mails, and now they are married and have a pair of delightful twins.

Electronic mail not only connects us with loved ones, but in most businesses, it serves as a communication device as well as a data collection tool. Nowadays, in order to apply to a university or for a job, one must first fill out the forms on the internet, and if we need information of any kind, we search for it on the web instead of going to the library.

As for Carlos, he can communicate with other pastors wherever they may be by means of e-mail. He also coordinates mission trips in this way. His boss and he, instead of talking on the phone, prefer to send text messages. Nevertheless, there is a danger in e-mail and text messages. Those do not transmit facial expressions nor the tone of voice. Therefore, on more than one occasion, I have seen misunderstandings by the use of texting.

---

*Many will go here and there*
*to increase knowledge. (Daniel 12:4b)*

---

For my part, I have formed good friendships with the ladies of my church here in Athens and in the outreach that we are able to support. I also have my confidante by telephone, my friend Ana. In the same way, I count on the presence of the Lord in my life. I do not feel alone in this country that is not my own. I still write e-mails although not as often anymore—in part because of neglect, and in part because I anticipate that God will give me the blessing of reuniting with those I love and that he will give some time with them face-to-face.

# To All the Nations

We have been working in the United States now for many years, and we have noticed that the great majority of the Hispanic churches in this country are not very strong. This is often due to the fact that their members are first generation immigrants who often return to their counties of origin. Likewise, if they were believers in their own countries, they yearn to find a church like the one they left behind, and that is not possible. Then, what is the work of the Hispanic churches in America? Well, it is the work of forming a body of believers in Christ who testify to the love of God in their communities and have the vision of carrying the gospel to the ends of the earth.

Our church in Athens is not a megachurch. The brothers and sisters that meet together, even though we are of different nationalities, respect one another and help one another mutually. We are all trying to be faithful to the Lord in the study of the Word of God and in prayer as well as with our tithes and service within the church and the community.

---

*We are all trying to be faithful
to the Lord in the study of the Word.*

---

I give thanks to God because when Jerry Haas was my husband's boss, he created a missionary agency called World Reach while he was working on missionary projects in Romania. He recruited Carlos to work with him in Spanish speaking countries, and through World Reach, Carlos traveled to Honduras, Spain, Mexico, Argentina, Chile, the jungle in Peru, and the sacred valley of Cusco.

Jerry was an amazing person, totally tireless in his dedication to the Lord's work. His great faith was evident in all that he endeavored to do. His recent passing into the presence of his Lord left a giant void in the Prince Avenue Baptist Church and in the hearts of all who knew him. We all miss him.

World Reach has been able to establish a Baptist mission in Lima. This year, World Reach plans to visit towns in San Martin, and they establish several Bible institutes in Cusco, in San Martin, and in Puno. There is also a Bible institute here in Athens, Georgia, with a section in English and one in Spanish.

We do not know what God has planned for our future, but we must not permit the differences in language, race, idiosyncrasy, or any other barrier to impede us in giving priority to the Great Commission. The Hispanic church should be conscious of this. America has the material resources for reaching the lost if we learn to work in coordination with the Anglo church.

The following two stories strongly reinforce for me the need to go to the farthest corner of the world, carrying the Word of God. Pastor Yip, who recently passed away and who ministered to a Chinese church in Atlanta, went to a small community in Harping, in northern China, almost on the border with Russia. There, Chinese believers from different villages met him to worship for four days. They asked Pastor Yip to preach from six in the morning until very late at night, giving him only brief ten-minute rest periods and just time to eat something or go to the bathroom. The thirst for hearing the Word of God was so highly regarded that the listeners slept on the floor every night.

---

*Places that have a great hunger
and thirst for the Word.*

---

The other event that impacted me was when Carlos was in the Sacred Valley of Cusco. In a certain village, they welcomed him with flowers upon his entry to the place. Very frightened, my husband asked them the significance of such a reception to which they answered, "This is the first time that a pastor of the gospel has come to visit us."

A short time ago, the team was able to go to some villages in the department of San Martin, traveling by land and then by river. The fruit of that effort was the establishing of theological classes for the leaders and pastors of Huimbayo and its environs, areas difficult to reach but with a great need for God.

I am surprised and very thankful for how God is using Carlos in places that have a great hunger and thirst for the Word. Additionally, I expect that he will continue training a new generation of pastors and servants that will continue the word commissioned in Matthew 28:19–20.

---

*Go and make disciples of all nations,*
*baptizing them in the name of the Father, and of the Son,*
*and of the Holy Spirit, and teaching them to obey everything*
*I have commanded you, and surely, I am with you always*
*Even until the end of the age. (Matthew 28:19–20)*

---

I also give thanks to the Lord for the Hispanic Mission in Athens. It is very friendly and active in its duties toward God and the Hispanic community. Many have come together as one single body of believers from such different countries as Mexico, El Salvador, Guatemala, Honduras, Nicaragua, Puerto Rico, Dominic Republic, and Peru, as well as our brothers and sisters from the United States that came to us speaking only "un poquito" of Spanish, and now they are fluent.

Our American mother church, Prince Avenue Baptist (PABC), is also a strong support for us. The many ways PABC encourage Carlos and his leaders are from hearts that love the Great Commission and God's work.

As for my daughter Carolina—who now has reached adult-hood—she has been appointed the district manager for the supermarket "Aldi" in Shanghai, China. We had the joy of seeing her married recently. She and her new husband, Paul Forero, a Colombian American, are in Shanghai starting a life in that faraway land.

I hope to continue supporting my husband and the church in any way possible. And I yearn fervently to continue writing and witnessing to the power of my Lord with the printed word.

---

*I yearn fervently to continue writing*
*and witnessing to the*
*power of my Lord.*

---

# El Costo De Mi Decision

Por Ana Yolanda Chu

# Contenido

# Prefacio

Conocí a Carlos Baca y a su esposa Yolanda Chu hace casi diez años cuando visité por primera vez la pequeña misión "Iglesia New Life" ubicada cerca de mi trabajo, la escuela privada Athens Christian School, en la cual soy maestro desde hace muchos años, en la ciudad de Athens, Georgia (EEUU). Carlos y Yolanda ministraban a una congregación inmigrante, mayoritariamente mejicana. Pronto se desarrolló no solamente una estrecha amistad mutua entre nosotros, sino también una fuerte admiración que yo guardo por ellos, pues el corazón de servicio y amor a nuestro Señor y su reino es muy evidente en ambos. Hoy nuestra misión se unió con otras dos y se llama: "Prince Avenue Baptist Hispanic Ministry", del cual soy diácono ordenado para el servicio de la congregación hispana que reúne a anglos, mejicanos, centro y suramericanos.

Yolanda es una persona en primer lugar comprometida al Señor y a su obra, pareja y colaboradora fiel a su esposo Carlos en el ministerio, sierva de la iglesia y modelo por excelencia de una mujer creyente, la "mujer Proverbios 31". En su contexto en la iglesia de Athens, la observo siempre dispuesta a servir y ayudar a otros. Ofrece transporte a la gente que necesita ir al trabajo, a la clínica o a las compras. Sirve como traductora cuando hay necesidad en citas médicas, profesionales o legales. Fue instrumental en la fundación de la Mercy Clinic, una clínica médica establecida con el propósito de servir a gente sin recursos económicos. Allí sirvió primero como traductora y luego como miembro del directorio.

Su rica experiencia de vida la capacita para entender y compartir la gracia de Dios en varias culturas. Conoce la iglesia pobre y en avivamiento del Perú, la iglesia perseguida y subterránea de la China y la iglesia libre y adinerada de los Estados Unidos. Ha gozado de la vida de una familia acomodada y ha sufrido la discriminación por pertenecer a una minoría étnica. La lucha con sus propios problemas de salud le ha dado no solamente un entendimiento de la gracia de Dios en medio de aflicciones, sino también una capacidad para mostrarle misericordia al hermano afligido.

Yolanda convierte sus múltiples dones en bendición para otros. Multilingüe (fluida en español, inglés, mandarín y cantonés), sirve como traductora y conferencista en reuniones de damas en la iglesia hispana tal como en la iglesia china aquí en EEUU. Participa en los equipos de adoración y también entrena y anima a otras hermanas en el servicio comunitario. Cuadros pintados por Yolanda adornan las paredes de su propia casa y las casas de sus amigos, frecuentemente llevando versículos bíblicos que exhortan y animan al observador.

Con mucho placer veo aquí la publicación de su primer libro cristiano. El lector encontrará en él aliento para su fe y gozo de conocer a una hermana apasionada en su dedicación al Señor Jesucristo. Espero que usted al leer estas páginas encuentre la paz y el amor de una persona dominada por el amor de Cristo y entienda que vale la pena conocer a Jesucristo de manera personal, pues es el único que le puede dar una vida abundante y en el futuro le puede regalar la vida eterna.

Gracia y paz.

*Jack Bamford*
Athens Christian School
Athens, GA (EEUU), 2010

# Introducción

Mi nombre de pila es Ana Yolanda Chu Chang. Desde muy niña, mi vida giró en torno a los extremos: la vida de los chinos inmigrantes y la de los peruanos en Lima; la vida de riqueza en la casa de mi abuela en Monterrico y la aparente pobreza de la "Parada", en donde vivíamos y trabajábamos.

Cuando me casé con Carlos, mi vida tomó otra vez un curso inesperado, pues no me casé con un paisano chino, sino con un *guilow* (extranjero).

En esta pequeña autobiografía, escribo acerca de las tribulaciones y victorias de una chica peruano-china, quien lo único que deseaba en esta vida era ser una cristiana fiel y servir al Señor donde quiera que él la llevara.

Escribo estas líneas desde Athens, Georgia, en el sur de los Estados Unidos.

Espero que el lector disfrute este libro tanto como yo lo disfruté al escribirlo y vivirlo.

# Plegaria

Padre mío,
Santísimo, Altísimo, Buenísimo, Alabadísimo:
Ya son tres meses de seguirte, pero, oh Señor,
examíname, mira mi corazón,
ponme a prueba y conoce lo que siento.
Fíjate si es que voy por mal camino
y condúceme por la senda antigua (Sal 139.23–24).
Padre celestial,
al término de estos tres meses de seguirte de cerca,
puedo confesarte que mi fe
ha aumentado un poquitín, pero es muy poco.
¡Oh, por tu inmensa bondad, aumenta mi fe!
Padre amadísimo,
no me dejes caer en las tentaciones
en las cuales he seguido cayendo:
egoísmo al pensar solamente en mí,
amor por lo sensual, mentira al engañar,
¡perdóname Dios mío!
Padre querido,
conviérteme en un instrumento para tu Gran
Obra, te entrego todo mi ser para que hagas
lo que quieras de mí. ¡Oh Señor no me rechaces!
Sé que no merezco que entres en mi casa,
pero una sola palabra tuya bastará para sanarme.
Ayúdame a servir a todos los que me rodean,
a dar el amor que yo he recibido de ti (que no
merezco). Ayúdame a dominar mi ira,
a tener paciencia, a ser humilde con todos.

Ayúdame a conocer tu voluntad,
dame la gracia de entender lo que tú deseas. Ayúdame a entender tu
Palabra y también ayúdame a encontrarte en cada hecho cotidiano.
Gracias Señor por tu amor al entregar a tu Hijo
Jesucristo por amor a mí y por su sacrificio
en la cruz. Dame la dicha de poder
verte algún día aunque sea yo pecadora.
Y solo atino en darte las gracias siempre
y en cada lugar en que me encuentre.
¡Gracias mil gracias Señor mío!

27 de abril de 1985

# Los años ochenta

Los años ochenta fueron una época violentísima en el Perú. Las universidades estatales eran el semillero intelectual de los grupos terroristas. Sus ideas para "salvar" al país eran novedad para gente joven incauta, mas yo ya sabía que las ideas de Mao, Marx y Lenin habían traído a los países socialistas, no sólo dolor, sino también atraso y pobreza.

Admito la apatía y el desinterés en este asunto de parte de nosotros, los jóvenes limeños, pues considerábamos el terrorismo como un molesto problema político que no nos afectaba, ya que la violencia en Lima consistía en un "apagón" de energía eléctrica esporádicamente y no veíamos las crueles matanzas en el interior del país; hasta que la locura terrorista —y de los grupos militares que los combatían—hicieron en la Capital su zona de guerra.

Al margen de la situación tan penosa del país, los ochenta fueron una época muy bonita para los que en ella hemos vivido la juventud. Disfrutamos de los primeros video-juegos y también los estrenos de películas inolvidables como: *"La guerra de las galaxias"*, *"Fiebre de sábado por la noche"* y *"Grease"* (Brillantina), producidos en los setenta. Escuchábamos música pop en inglés, rock en español y bailábamos salsa en las fiestas.

En medio de tan intensa época, mi amiga Teresa me enseñó a tomar el ómnibus y a pasear por el Jirón de la Unión, mientras compartíamos confidencias de adolescentes. Otras veces andábamos juntas en las calles de San Borja caminando y disfrutando de un helado o dos. En el verano, nos juntábamos varias chicas para ir a las playas de la Costa Verde. Tenía la intención de disfrutar al máximo de la vida, pues, después de doce años en un estricto colegio peruano-chino, quería "explorar el mundo" más allá de las protectoras paredes de las aulas escolares.

Eso simbolizaba la universidad para muchos de nosotros: una puerta no sólo hacia la vida adulta, sino también, en cierta manera, a la libertad. Debía escoger rápidamente a qué universidad iba a tratar de ingresar. Las estatales eran una opción que afortunadamente podía descartar, pues las huelgas y el terrorismo eran un grave problema para el calendario académico en todas ellas. Sin embargo, las particulares de mayor prestigio me parecían excesivamente caras para mi pobre papá, así que opté por probar ingresar a la universidad privada Ricardo Palma.

Luego de salir del colegio Diez de Octubre, me preparé por dos meses en una buena academia preuniversitaria. Antes del examen de admisión, mientras paseaba en el Jirón de la Unión, entré a la iglesia La Merced; me arrodillé y le dije a Dios: "Ayúdame, Diosito, sólo te pido que me hagas entrar a la universidad". A las dos semanas, recogía el periódico un domingo en la mañana y grande era mi sorpresa: ¡Había ingresado en primer puesto!

Estaba extasiada por haber obtenido el primer puesto en el examen de admisión al programa de Administración de Empresas, ganándole al segundo lugar por tan solo un cuarto de punto; allí me di cuenta de que había sido la mano de Dios, pues ¿Qué era un cuarto de punto? ¡Nada!

Esta facultad era conocida por su fama de alumnos vagos y fiesteros, y yo, en mi corazón, otra vez me volvía a Dios y le pedía: "Guárdame de cometer errores en mi paso por la universidad". Es así como me junté con un grupo de chicos —y no tan chicos—bastante estudiosos, que nos ayudábamos en los cursos y las asignaturas, pasábamos los ratos libres tomándonos una cervecita entre todos, y las chicas fumándonos unos cigarrillos de vez en cuando. Las fiestas con ellos eran como las reuniones con mis amigos del colegio: bastantes "zanahorias" (léase "sanas"). Así surgió una camaradería poco usual entre nosotros, que duraría toda nuestra vida universitaria.

Las mañanas las pasaba en el campus de la Richie[1], las materias eran relativamente fáciles; por las tardes, después de estudiar, mi único plan era tirarme en la piscina de nuestra casa en Monterrico. Es más, disfrutaba tanto de esa sensación de bienestar y soledad cuando nadaba que, en una de esas veces, flotando boca arriba, mientras miraba el soleado cielo azul, le preguntaba a Dios: "¿Hasta cuándo durará esta vida de lujo para mí?". Era una persona completamente feliz: estudiaba, convivía con mis nuevos amigos de la universidad y nadaba; mi mundo era perfecto.

Los domingos iba al centro de Lima a escuchar misa con mi amiga Ana, en la capilla de la "O" de la Iglesia San Pedro, y luego paseábamos por allí, almorzando y haciendo compras.

A mis diecisiete años, me había mantenido al margen de asuntos románticos, más bien por temor a decepcionar y ser decepcionada que por falta de ganas. Tuve mi primer enamorado, llamado Pablo, quien estaba en mi facultad y también organizaba un grupo de estudio cristiano en la Richie.

— Tú no eres una cristiana de verdad —me decía él.
— ¿Cómo no? —respondía indignada—Yo voy a misa todos los domingos, desde los nueve años y leo mi Biblia, aunque no la entienda del todo.
— Pero no haz recibido a Jesús como Señor y Salvador.

Y él seguía insistiendo siempre en que algo importante faltaba en mi vida.

En un inicio iba al grupo de estudio bíblico cristiano por complacer a Pablo, pero una tarde, cuando tres chicos de la facultad oraban, confiadísimos en que Dios iba a contestar a sus plegarias, yo me dije: "Eso es lo que me falta, la fe de ellos".

Nunca me detuve a pensar en que Dios ya había contestado a mis peticiones, como la de la oración que hice para ingresar a la universidad, por ejemplo. Más bien tenía la convicción de que debía

---

[1] *Forma abreviada en que los estudiantes se refieren a la Universidad Privada Ricardo Palma.*

hacer algo al respecto de mi vida espiritual. Por ello, una noche a solas, en casa, le prometí a Dios: "Voy a guardar tus mandamientos, cueste lo que cueste, durante toda mi vida".

Lo primero que Dios cambió en mí fue mi temperamento iracundo. Nunca pude controlar mi mal genio, sobre todo frente a mi papá y mi hermano Goyo. Invariablemente, terminaba gritando a alguno de los dos y, aunque hacía un esfuerzo por controlarme, me veía cada vez más dominada por mi enojo. Unos de mis primeros recuerdos al respecto, fue que, a la edad de cinco años, mi mamá, quien es una mujer muy apacible, me "largó" de la casa… porque había roto la cabeza de Goyo con un palo en un arranque de ira.

No fue fácil que Dios cambiara esa tendencia mía de dar rienda suelta a mi mal humor. Leí el libro de Proverbios reiteradas veces, subrayando los versos que hablaban acerca de la ira y el enojo. Cada vez que fallaba y caía en lo mismo, lloraba ante Dios por esta debilidad mía. Entonces volvía a releer Proverbios hasta que podía recitar los versos subrayados sin necesidad de verlos. En los años sucesivos, esta lucha contra la ira, terminó haciendo de mí una persona un poco más cauta y menos propensa a hablar y replicar, sin pensarlo dos veces; aunque la amenaza que vuelva a mi antigua iracunda forma de ser es una lucha que tendré durante toda mi vida.

> *"Mejor es el que tarda en airarse que el fuerte; y el que se enseñorea de su espíritu, que el que toma una ciudad".*
>
> —*Proverbios 16.32*

Fue en esa época cuando comenzó a tener sentido la Palabra de Dios para mí. Yo daba —literalmente—saltos de alegría cada vez que regresaba de la universidad para leer mi Biblia, porque por fin la entendía. Ahora que miro atrás, me doy cuenta de que la disposición a la obediencia es un requisito para que Dios revele sus verdades a quienes desean someterse a él.

Cambié no solo en mi forma de pensar, sino también en mi modo de vestir; me volví algo puritana y comencé a ser muy extremista en eso de la fe: ya no tomaba cerveza, ni fumaba, ni iba a las fiestas. Algo había cambiado dentro de mí, aunque reconozco ahora que no era necesario asustar a mis amigos con mi nueva forma de ser. Hace poco una amiga del colegio, Enriqueta, me dijo: "¿Te das cuenta ahora? En esa época te volviste muy radical".

Radical o no, yo estaba enamorada de Dios. Rompí mi relación con Pablo porque mis papás querían que me casara con un chino, y les obedecí sin reproches porque quería complacer al Señor al obedecer a mis padres. Bueno, la verdad es que antes de romper este corto romance, le consulté a un cura mientras me confesaba, y él me dijo que estaba muy joven para una relación seria, pues ambos teníamos sólo diecisiete. Para no tomar una decisión parcial, le pregunté también a Josefina, quien en esa época era la única creyente evangélica en nuestro círculo de amigos del colegio, y ella me dijo que debía obedecer a mis padres si quería agradar a Dios. Entonces, bajo estos dos consejos, terminé con Pablo.

No me dolió este rompimiento, porque había encontrado el amor de Dios en mi vida. Recuerdo que, en un parque en las afueras del campus de la Richie, me reunía con Blanca y Beatriz, dos compañeras de la facultad. Al verlas acercarse para encontrarnos a orar, mi corazón literalmente daba vuelcos de alegría. Mi nueva relación con Dios fue una experiencia inolvidable.

*"Cantad a Jehová cántico nuevo; su alabanza sea en la congregación de los santos".*

*—Salmo 149.1*

# A la China

Los primeros cuatro años de estudio en la Richie transcurrieron rápidamente, estudié con dedicación la carrera de Administración de Empresas y seguí participando del grupo de estudio bíblico cristiano. Los domingos en que podía, asistía a una congregación carismática que se reunía en diferentes casas cada semana. Allí me bautizaron en agua por inmersión en una playa de la Costa Verde, pero realmente yo necesitaba una iglesia permanente.

Mi papá me estaba prohibiendo ir a aquel grupo los domingos, porque temía que fuera una secta religiosa. ¡Hasta se imaginaba que andábamos vestidos en túnicas y danzando con panderos! Por coincidencia, en aquella época había una nueva secta llamada los "Niños de Dios", la cual estaba engañando a jóvenes y niños, prostituyéndolos y usando como excusa la fe. Cautelosamente, papá me dio permiso para asistir a la Alianza Cristiana y Misionera China ubicada en la Avenida Brasil, diciéndome: "Al menos, allí sé en dónde estás y cómo encontrarte".

Aunque me dio permiso a ir a la Alianza China, todos los sábados me decía: "No vas mañana a la iglesia", y yo me quedaba quieta, orando y pidiéndole a Dios: "Déjame ir". Los domingos, muy temprano, me vestía y oraba en mi corazón hasta llegar a la puerta de la habitación de mis padres. Tocaba y le decía:

— Papá, buenos días, ¿Puedo ir a la iglesia?
— Anda pues, pero regresa temprano.

¡Cada sábado y domingo eran una prueba para mi recién adquirida fe en Jesús!

En esa misma época, me tocó buscar un reemplazo para mí en el restaurante que mi papá puso (para mantenerme ocupada), porque se reanudaban mis clases en la universidad. Es así que pedí en la Iglesia China que mandaran a alguien de confianza para que trabajara de administrador y cajero. Conocí a Carlos Baca por primera vez en la entrevista de trabajo que mi papá y yo le hicimos; él tenía veintisiete y yo diecinueve. Me pareció un chico honrado y lo admiré mucho por su sacrificio de estudiar Teología mientras trabajaba para mantener a su mamá y su hermano menor.

Carlos y yo nos hicimos muy buenos amigos y luego fue mi mentor, porque muchas de las enseñanzas bíblicas que yo había recibido estaban doctrinalmente equivocadas; aprendí con él que la salvación no se pierde, que el Espíritu Santo se manifiesta en los frutos espirituales más que en aisladas experiencias, y la importancia de estudiar de manera sistemática la Palabra de Dios. Disfrutamos de una relación de amistad y discipulado muy especial, pues yo oraba por sus estudios y él oraba por mi crecimiento espiritual.

A las pocas semanas de haberlo conocido, tuve la seguridad — como muchos de los presentimientos que he tenido desde niña y se han cumplido—de que él llegaría a ser mi compañero de por vida. Para esto, yo casi había olvidado una conversación que tuve con Dios cuando estaba triste porque no tenía pareja en el momento en que renuncié a mi primer enamorado.

— No te has olvidado de mí, ¿Verdad?
— No—me contestaba él en mi corazón.
— Pero no va ser de tu raza—continuaba Dios.
— ¿No va a ser chino? Entonces va a ser gringo, alto, ojos azules.
— No… va a ser negro.
— Mi papá nunca lo va a permitir.
— Deja que Yo me encargue de tu familia.

Esta plática ocurrió mientras yo estaba en un ómnibus mirando con envidia a las parejas que paseaban juntas. Y ese día, sin saberlo yo, Dios me estaba preparando para el futuro.

Mientras más nos conocíamos, más nos estábamos enamorando Carlos y yo, pero ambos le pedíamos a Dios, cada quien por su lado: "Sepáranos, aléjanos el uno del otro, porque no tenemos un futuro juntos". Lo irónico era que, mientras más le pedíamos a Dios que nos llevara por rumbos separados, más nos íbamos compenetrando.

Finalmente, llegó un día en que yo, sin habérmelo propuesto, le declaré mi amor, pero no sabía que aquello era la respuesta de Dios a una oración de Carlos —según me contó años después—, pues él le había pedido al Señor que para saber quién era la mujer que Dios había elegido para él, la señal fuera que ella se le declarara a él, y no al revés.

Salimos como enamorados un mes, recorrimos muchos parques, vimos películas en los cines, cenamos juntos. Nunca había estado tan enamorada como llegué a estarlo de él, pero mi conciencia no me dejaba tranquila, pues mis padres no sabían nada de este asunto y sentía que era mi deber contarles lo que me estaba ocurriendo.

No me sorprendió la reacción violenta de mi papá, puesto que desde chicos nos decía a mis hermanos y a mí que era nuestra obligación casarnos con alguien de nuestra raza. Pero papá no perdió el tiempo, pues después de un par de semanas tuvo listos mi pasaporte y los pasajes para ir a la China; me acompañaría mi hermano Goyo.

Carlos y yo tomamos esa separación como una prueba a nuestro amor: si esto era, en verdad, de parte de Dios, la distancia no iba a mantenernos alejados, y prometimos volver a vernos en un año. Ello no iba a ser nada fácil, pero yo no lo sabía en ese entonces.

*"Las muchas aguas no podrán apagar el amor, ni lo ahogarán los ríos".*

*—Cantares 8.7a*

# El dragón dormido

Muchos decían que el Perú era un mendigo sentado en un banco de oro, por la pobreza del país a pesar de las riquezas naturales que poseíamos. Tenían razón los que decían aquello. Hoy en día, el Perú goza de una bonanza sin igual. Y tal prosperidad está siendo reconocida mundialmente. Hasta el ex presidente norteamericano, Bill Clinton, dijo en una reciente visita al país, que la crisis económica en los Estados Unidos y el mundo, poco o nada le está afectando al Perú.

Del mismo modo, muchos especialistas en asuntos internacionales decían que la China era un "dragón dormido". En los ochenta, aún no había salido del estancamiento económico que el socialismo la había sumido desde la era posterior a la ocupación japonesa y la Segunda Guerra Mundial. Por ello, me parecía increíble que los terroristas en el Perú quisieran para nuestro país la suerte que estaba pasando la China comunista, pues, en el año 1987, en que fui a quedarme un año de interna en un colegio de idiomas en Guangzhou, era un país aún más atrasado que el Perú.

Ese año mi hermano y yo cruzamos la frontera de Hong Kong y Guangzhou por tren. En esa época, Hong Kong todavía era colonia inglesa. A Goyo y a mí nos pareció terrible el contraste de la bulliciosa, tecnológica y próspera isla de Hong Kong, en comparación con la silenciosa, adusta y pobre Guangzhou, llena de soldados armados con igual tristeza y severidad.

Guangzhou, conocida también como Cantón, capital de la provincia de Guangdong, era la provincia sureña más importante y un antiguo puerto que tradicionalmente conectaba a la China con los demás países —tanto del Oriente como del Occidente— por medio de los barcos que zarpaban y anclaban allí. Hoy en día, aparte de ser un centro industrial y comercial muy importante, esta ciudad recibe miles de visitantes, pues cuenta con monumentos antiguos, museos, teatros, hoteles cinco estrellas, restaurantes de todo tipo y tiendas comerciales.

En 1987, la familia de mi mamá en Guangzhou, con la cual nos quedábamos los fines de semana cuando salíamos del internado, se negaba a hablar de temas políticos, de manera evasiva. Mi tío fue de los profesionales a quienes, en las primeras fases de la revolución de Mao, se habían llevado de la ciudad al campo para forzarlos a aprender a ser humildes con el duro trabajo manual. Yo sé que mi tío había quedado marcado por ese suceso, aunque hubiera pasado ya mucho tiempo y nunca hablara del asunto, pues de arquitecto citadino fue llevado a cuidar cerdos. Una foto de esa época infame lo forzaba a abstenerse a comentar acerca lo que opinaba del gobierno, pues el temor de ser arrestado sin motivo seguía vivo.

También percibía una actitud de desesperanza al hablar con mis primos, familia de mi papá. Tenía la impresión de que no les importaba el futuro, porque el futuro nada les ofrecía. No podían mejorar su condición actual pues no había ningún cambio en los trabajos si el gobierno central no lo ordenaba, y el Estado, en ese tiempo, rara vez cambiaba el *statu quo* de las cosas. Tampoco tenían aspiraciones, porque trabajaban en el mismo oficio o en la misma fábrica por décadas, para esperar recibir al final una pensión miserable. Supongo que esta situación hoy en día es muy diferente, pues la prosperidad económica de la China ha superado toda expectativa.

La Revolución Cultural de Mao, me parece, hizo mucho daño a la educación en general, pues borró de la China su arraigado sentido de respeto a los mayores, su antigua amabilidad y muchos principios altruistas del pasado. Lo que yo había encontrado en las calles eran personas bastante toscas, mucho más después de la política de "uno por familia": la forma de control de la natalidad que aún ahora se practica, en que el Estado sólo permite un hijo u hija por pareja en las ciudades, y en los campos solamente dos niños por familia. De esta manera, la generación juvenil de la China es egocéntrica, ya que cada uno de los jóvenes se siente el ser más "importante" en su hogar.

Lo que el socialismo había logrado, al cambiar la cultura ancestral del país e imponer la ideología marxista-leninista, era tener una población mayormente atea, que no creía en Dios ni confiaba en ninguna religión, pues para Mao Tse-Tung las palabras de Carlos Marx eran ciertas, la religión era el "opio del pueblo".

En medio de estas circunstancias, en las principales ciudades chinas surgían iglesias subterráneas y luego se extendían hasta los poblados más alejados. El gobierno trataba de aplastarlas llevándose presos a los pastores, pero estos se hallaban siempre dispuestos a sufrir y a morir por Cristo, así que, una vez liberados, volvían a reunirse en iglesias clandestinas, que generalmente se encontraban localizadas en alguna casa. Finalmente, el gobierno, al no poder erradicar sus iglesias, decidió tolerarlas, pero enviando espías a ellas, para cerciorarse de que no estuvieran diciendo y enseñando ninguna cosa en contra del Estado.

Al principio, yo asistía a una iglesia aprobada por el gobierno, pero no satisfacía mi avidez de escuchar la Palabra de Dios. Un día, un chino-norteamericano que llevaba un curso de verano en la escuela de idiomas, me comentó que había una iglesia muy buena, pero que era algo peligroso involucrarse en ella. Yo confiaba en que portando mi pasaporte del Perú y en calidad de peruana, el gobierno no iba a hacerme problemas por asistir a unas reuniones religiosas, así que fui llena de expectativas a la casita que se encontraba en el centro de la ciudad, dentro de una quinta muy tugurizada.

Me asombré al ver que la escalera que llevaba al segundo y tercer piso —donde estaba el pastor predicando—se encontraba atiborrada de gente. Los que no alcanzaban a sentarse en los pisos de arriba, al igual que yo, escuchaban el sermón por el altoparlante de la angosta escalera de madera, la cual estaba llena, pues cada quien se sentaba en el escalón vacío que encontraba, de modo que yo casi estaba sentada en la puerta que daba a la calle de la quinta, porque había llegado tarde. La mayoría se encontraba conformada por campesinos que de seguro venían de lejos, pues sus uniformes maoístas y sus rostros quemados los hacían ver diferentes a la gente de la ciudad, quienes vestían de manera menos rígida.

El segundo domingo, me levanté un par de horas más temprano y llegué a la casa-iglesia con mucha anticipación. Me asombró escuchar las oraciones de decenas de personas, intercediendo por la prédica que aún no empezaba; pero lo que más me impactó fue la reverencia de todos ellos, ya que estaban de rodillas con los rostros en el suelo mientras oraban al Señor largamente.

Seguramente pensamos que no hay iglesia perfecta aquí en la Tierra, pero, si me preguntan, puedo decir que aquella iglesia en Guangzhou era lo más cercano a una iglesia "celestial". Después de un clímax en la predicación, cantábamos un himno a modo de compromiso ante Dios y luego seguía la segunda parte de la prédica. Cada sermón duraba mucho más de una hora, pero la sed de conocimiento de Dios se veía en los rostros de los humildes campesinos, quienes no se movían hasta que el mensaje y culto terminara. ¡Esa reverencia a la Palabra de Dios es difícil de encontrar!

Como la Biblia era material prohibido, el pastor tenía impreso estudios bíblicos para regalarnos a quienes quisiéramos. La prédica dominical estaba también impresa en mimeógrafo para que uno pudiera seguir estudiando en casa durante la semana.

Unas de mis compañeras de habitación en el colegio de idiomas, era una joven como yo, peruano-china, que se llama Angélica. Ella me acompañaba a la iglesia clandestina y, aunque sabía mucho menos cantonés que yo en ese entonces, de manera admirable —o milagrosa—lograba entender los largos sermones del pastor. Por esta experiencia, creo firmemente que el don de lenguas se manifiesta en momentos de necesidad.

La cantidad de iglesias-casas en la China que funcionan de manera clandestina va en aumento cada día, así como la cantidad de creyentes en ellas; son iglesias que no necesitan de templos costosos, ni gran organización, ni grandes predicadores o músicos. La sola sed y necesidad de la Palabra de Dios, las hace crecer y multiplicarse.

*Llamaré pueblo mío al que no era mi pueblo, y a la no amada, amada.*

*—Romanos 9.25b*

Hoy en día, la China continúa siendo un país socialista, con el Partido Comunista firme en el gobierno, pero ha cambiado en un aspecto muy importante: usa una economía de mercado para negociar con los demás países, de modo que los productos chinos han invadido el mundo y hay una bonanza económica increíble, nunca antes vista en este país, el más poblado del mundo. El Estado sigue siendo el que controla la vida de los chinos, pero ahora es sumamente rico, y puede darse el lujo de ser generoso con su pueblo. El sueño de Mao de convertir a la China en una superpotencia, se ha hecho realidad en este siglo XXI: ¡El dragón dormido ha despertado!

# Del cantonés al mandarín

El cantonés es mi primer idioma, lo hablo desde que tengo uso de razón. Por otro lado, el español lo aprendí recién cuando fui al primer grado a los seis años. Mi mamá tampoco hablaba español, pues viajó desde China al Perú, para casarse con mi padre, a quien solamente conocía por fotografías y cartas amicales.

La verdad era que mis dos abuelas, a modo de "celestinas", habían arreglado la unión de mis padres desde hacía mucho tiempo atrás, cuando ellos todavía eran unos niños y ellas eran vecinas allá en Guangzhou. Al llegar el momento apropiado, animaron a los dos jóvenes en edad "casamentera" a escribirse cartas. La correspondencia entre ambos fue fluida y se sintieron atraídos por sus personalidades. Mi papá ya tenía quince años de haber regresado al Perú con mi tío Fausto para trabajar y sacar adelante a la familia, enviando remesas de dinero todos los meses a mi abuela Carmen hasta que lograron traer primero al abuelo Jorge y luego a toda la familia.

En 1965, mi mamá llegó al Perú. Ella bajó del avión con un abrigo largo, lentes oscuros y una pañoleta en la cabeza. Así era la moda de Hong Kong, modernísima en comparación con la moda peruana de ese entonces, cuando incluso el uso del pantalón femenino no era muy común en Lima. En el aeropuerto, al verla de lejos, mi abuelito Jorge y mis tíos Julio y Félix —aún adolescentes—rodearon a mi papá y le preguntaron: "¿Qué te parece? ¿Te gusta ella?". Mientras, mi papá sufría pensando: "Ha de ser bien fea la pobre, porque se tapa todita". Al llegar a la casa, que se ubicaba en la ahora popular calle Gamarra del distrito de La Victoria, mi mamá se quitó el abrigo, los lentes y la pañoleta; entonces le volvió el alma al cuerpo de mi pobre padre, pues ella era, indudablemente, una mujer hermosa. No sólo era físicamente bella, sino también poseedora de un carácter apacible, lo cual complementaba perfectamente el carácter colérico-sanguíneo de mi padre.

Por unos meses salieron como amigos, y prontamente se casaron en la Basílica de San Pedro. Previamente, mi madre se había bautizado, a la edad de veintidós años, para poder luego recibir el sacramento del matrimonio, aunque ella (la verdad sea dicha) no entendía el catolicismo del todo bien. En cuanto a mi papá, no era un cristiano confeso ni un católico devoto; sin embargo, le oía decir, de vez en cuando, "Dios me regaló a tu mamá", y, como bien dice la Biblia:

> *"El que halla esposa halla el bien, y alcanza la bene-*
> *volencia de Jehová".*

> *—Proverbios 18.22*

Sé de matrimonios arreglados con mucho menos suerte que la de mis padres, pero el Señor tuvo piedad de ellos y fueron felices por más de treinta años, criando tres hijos, hasta el día en que mi papá falleció de un ataque cardiaco. Yo soy la primogénita. Nací en 1967, razón por la cual dejé a mi madre escasas oportunidades de recibir clases de español. Mamá "calzaba" perfectamente en la familia de mi padre en Lima, ya que sus integrantes eran muy conservadores. No sólo comían comida china indefectiblemente todos los días, sino que en casa se hablaba solamente en cantonés, a pesar de vivir en el Perú. Y lo mismo ocurrió con nosotros.

Esta es la razón por la que el año en que estudié en Guangzhou me pareció que pasaba rápidamente, pues no me fue difícil acostumbrarme al idioma, a la comida o a la gente. Sin embargo, en el internado de idiomas no nos enseñaban cantonés, sino mandarín.

Felizmente, durante toda la Secundaria en el colegio peruano-chino Diez de Octubre, teníamos clases de mandarín casi a diario. En aquel tiempo, lloraba por lo estricto que era nuestro maestro de chino, míster Yueng. "Tú eres china y tus papás hablan chino", vociferaba estentóreamente míster Yueng al ver una mala calificación mía en uno de sus exámenes; inmediatamente después, recibía un fuerte "reglazo" en la palma de mi mano, como castigo "por ser china" y sacar mala nota en su clase. Muchos años después, ya en Guangzhou, se lo agradecí profundamente porque me ayudó a alcanzar un buen nivel de mandarín, libre de acento foráneo.

La modernidad y el método que se usa en la China actualmente para enseñar mandarín es más simple —y menos drástico—que el de míster Yueng. El gobierno chino ha cambiado la fonética y ahora se usa el abecedario para los sonidos. La escritura también fue modificada y es escritura simplificada, mucho más sencilla que la escritura tradicional.

Mao Tse-Tung, quien subió al poder con la "lucha de clases desde el campo a la ciudad", dio a la China una estabilidad que durante décadas no había tenido y uno de sus méritos fue el de imponer un idioma unificado: el mandarín. Cabe mencionar que Chang Kai Tse, al tener que retirarse con sus tropas a la isla de Taiwán —conocida también como Formosa—por la avanzada comunista de Mao, también impuso el mandarín como idioma oficial en Taiwán, pero con escritura y fonética tradicional.

En Guangzhou, la gente que nació y creció allí habla cantonés en casa, pero en las escuelas, en el trabajo o en la calle tienen que comunicarse en mandarín, pues no todos los que viven en la provincia de Guangdong —o Cantón—son cantoneses. Sin embargo, los chinos que décadas atrás se atrevieron a salir de la China y navegar por barco hasta tocar suelo americano, sea en California, Panamá o Lima, fueron principalmente cantoneses.

Tanto en la República Popular China, como en Taiwán, el mandarín es el idioma oficial. Aparte del mandarín y el cantonés, existen más de cuatrocientos dialectos y muchísimas lenguas de minorías étnicas, que son idiomas completamente distintos al chino.

Entiendo por qué se escogió el mandarín como idioma oficial, pues es bastante fácil de aprender, y pude ver a muchos extranjeros de diferentes partes del mundo, estudiando y hablando el idioma mandarín con poca dificultad. Por mi parte, después de seis meses en el internado de idiomas, tenía un mandarín bastante decente y al final del año ya podía leer y escribir textos sencillos. El primer año de entrenamiento en el idioma es realmente básico. Mi amiga

Angélica, quien se quedó los tres años —tiempo que duraba el curso completo—, salió de la escuela contratada como traductora por el consulado de España en Hong Kong, donde trabaja hasta hoy.

# La tentación

El colegio en Guangzhou se llamaba "Escuela de Cultura y Literatura para Chinos de Ultramar". Chinos de ultramar son todos los chinos nacidos en tierra extranjera (aquí en Lima los llamamos, en cantonés, simplemente "tusán"). Sin embargo, el colegio aceptaba realmente a todo aquel que quisiera estudiar el idioma, aunque no fuera descendiente chino. Teníamos compañeros tusanes que venían de Zimbabue, Isla Mauricia, Panamá y diferentes partes del mundo. Pero la gran mayoría de los estudiantes eran procedentes de Tailandia. Ellos eran muy diferentes a los otros estudiantes, pues iban y venían casi siempre en grupos con los cabellos largos, ropa demasiado holgada y una actitud de "rebelde sin causa".

Afortunadamente, para mi amiga Angélica y para mí, nuestra compañera llamada Ian, aunque tailandesa, era ella una muchacha tranquila y aplicadísima en los estudios. Las tres compartimos un dormitorio que contaba con un baño, aunque el agua caliente debíamos traerla en baldes desde el hervidor de agua del pabellón de mujeres. Ian nos enseñó a escuchar la música melancólica de Los Carpenter y a comer comida tailandesa, muy picante, por cierto. Angélica me enseñó a hacer deportes y a vivir de manera austera, pues ella era muy equilibrada en cuanto a finanzas se refiere, y me acompañó a la iglesia durante todo ese año.

Las clases de idioma en la escuela incluían también pintura, canto y kung fu. Fue un año en que aprendí mucho del país de mis ancestros, pero, sobre todo, aprendí mucho acerca de mí misma.

Inocentemente, pensé que el propósito de este viaje era solamente estudiar, mas mis padres tenían otra intención: que yo encontrara un buen esposo chino. Mi abuela materna eligió al candidato perfecto, un primo lejano, chef en un restaurante de un hotel cinco estrellas, joven y bien parecido, quien estaba dispuesto a ir al Perú si todo salía como mi abuela lo estaba planeando. Él me llevó a diferentes iglesias pensando así complacerme, me invitaba a salir y fue muy caballeroso en todo momento, pero no teníamos nada en común. Además, yo me había propuesto ser fiel a Carlos a pesar de la distancia. El candidato de mi abuela no fue un real peligro para mi relación con Carlos, pero un compañero de la escuela de idiomas sí se me presentó como "tentación del diablo".

En nuestra ansia de experimentar cosas diferentes, el grupito de alumnos que hablábamos español andábamos juntos explorando la ciudad. Saboreamos la variedad de la comida cantonesa en la infinidad de restaurantes y recovecos que íbamos encontrando. Paseamos por las principales avenidas y parques, pero un día descubrimos que en el mismo colegio no habíamos todavía ido al "baile de salón" que los maestros tenían todos los viernes en la noche, como parte de las actividades de esparcimiento del cuerpo docente. Fue así como nos aparecimos en el salón de baile y los maestros, entusiasmados con los inesperados discípulos, pacientemente nos enseñaron pasos de vals y polca, entre otros. Bailamos todos hasta muy entrada la noche y finalmente solo quedamos dos parejas de alumnos con los maestros: mi hermano Goyo y Mónica, quien se convertiría en mi cuñada, Marvin, el joven de Zimbabue, y yo.

Todo iba de maravilla aquella noche, hasta que Marvin me susurró al oído en mandarín: "El baile de ellos es de ellos y este baile de nosotros es de nosotros". Tardé un poco en entender el sentido de lo que me decía y tuve temor de la intimidad que implicaban sus palabras.

Ya a solas en el dormitorio, tomé una decisión: no volvería a hablar a Marvin, salvo lo estrictamente necesario para no pasar por descortés. Para mi mala suerte, él se sentaba detrás de mí en el salón de clases y era de esos pocos muchachos que son amables y considerados con todos; hablaba cinco idiomas y su familia era propietaria de extensos sembradíos en su país natal. Marvin era mayor que yo por unos tres años y tenía un físico envidiable, pues no solo era alto, sino también atlético y de tez blanca. Mas yo tenía la plena seguridad —de parte de Dios— de que Carlos era a quien Él había elegido para mí. Y esa noche le rogué al Señor de todo corazón: "Guárdame de la tentación".

*"Pues en cuanto él mismo padeció siendo tentado, es poderoso para socorrer a los que son tentados".*

—*Hebreos 2.18*

# Que no sea monja ni se case con peruano

Cuando nací, creo que Dios, en cierta manera, "reveló" a mi padre mi futuro, pues él, cuando se dio cuenta de que su primogénito no era varón, sino mujer, puso dos cosas como meta para mi futuro: que no me convirtiera en monja y no me casara con peruano. Esa es la razón por la que desde chica evitaron ponerme en colegios católicos, mas yo tenía deseos de Dios desde muy pequeña. Recuerdo que, una vez, miraba desde la ventana un espléndido cielo azul y le decía a Dios: "¿Por qué no te alabamos todos y te damos gracias por tantas cosas bonitas?". ¡Sólo tenía siete años y me urgía alabarlo y adorarlo!

Cuando hubo que elegir el jardín de infantes al que asistiría, papá evitó ponerme en el colegio de monjas que había en la esquina del parque Cánepa, a dos calles de la casa, y prefirió que fuera a uno municipal. Mas adelante, cuando tuvo que elegir un colegio chino, optó por el Diez de Octubre. Hay dos colegios chinos en Lima: uno dirigido por curas, el Juan XXIII, y el otro, el colegio peruano-chino Diez de Octubre: estudié aquí desde los seis años hasta terminar la Secundaria.

En mi búsqueda de Dios, fui invitada por las monjas de la librería San Pablo, que quedaba a una cuadra de la Plaza de Armas de Lima, a participar en sus retiros, pero nunca tuve la oportunidad de ir a ninguno de ellos. Tampoco presté atención cuando una doctora trató de hablarme del *Opus Dei*... luego de enterarse de que yo hablaba varios idiomas. Por lo visto, no me iba a convertir en monja, aunque sí, más adelante, dedicaría mi vida a Dios.

En cuanto a casarme con peruano, regresé de la China después de haberle suplicado a mi papá, por carta, de que me mandara el pasaje de retorno. Mi tío Dagoberto vino desde Lima y me dio el boleto de avión, diciendo: "Por si acaso, debes saber que toda la familia ha estado intercediendo por ti y convenciendo a tu papá para que te envíe de regreso al Perú". Eso me llenó de alegría, pues ya no recibía correspondencia de parte de Carlos desde hacía varios meses, y estaba extremadamente afligida por ello.

Al regresar a Lima, lo más importante para mí era reunirme con Carlos. Mi sorpresa y decepción fue inmensa cuando él me dijo que no quería saber nada de mí. Por supuesto, no me comentó que mi papá le había pedido —mientras yo aún estaba en la China—que no nos volviéramos a ver, porque no teníamos nada en común. Además, él estaba asustado, pues pensaba que podían mandar a matarlo o envenenarlo, como muchas veces lo había visto en sus películas favoritas de Kung Fu.

Yo me enfermé por esta contrariedad tan grande, y un médico, amigo de la familia, le dijo a mi papá: "Cecilio, ella no tiene ningún mal físico, salvo una leve anemia. Arregla, más bien, el problema emocional que tenga tu hija".

Así que mi padre llamó a Carlos, quien se negó a hablar con él por temor a alguna represalia, hasta que al fin papá llegó a la Iglesia China y le pidió que lo fuera a ver a su oficina. Cuando se encontraron, mi padre le pidió que saliera conmigo como amigos; se lo imploró con lágrimas en los ojos. Carlos, aún muy asustado, pensando que era una trampa, demoró una semana en hablarme. Luego reanudamos nuestra relación amistosa y sentimental, hasta que llegamos al punto de querernos casar. Esta fue la conversación de ambos al cabo de unos meses:

— Don Cecilio, deseo pedirle permiso para casarme con su hija.
— Cásense no más, yo les autorizo.
— Pero su esposa, ¿Qué opina ella?
— Nosotros somos chinos, yo mando aquí, ella tendrá que aceptar.

— Pero nosotros somos cristianos, sin la bendición de ambos no nos podemos casar.

Luego de esta conversación, estuvimos pidiendo a Dios que mi mamá aceptara nuestra relación. Después de un par de años, ella, finalmente, dijo: "No me voy a oponer más a los designios del cielo, les daré mi bendición para que se casen".

Fue así como en menos de un mes organizamos la boda. Mi tía Rosario me hizo el pastel de bodas. Otra tía, haciendo gala de sus clases de costura, me cosió el vestido de novia, y mi primo Wasan nos regaló el banquete de bodas que él mismo preparó. En verdad, fue una boda para recordar: allí estaban no solo ambas familias, sino también hermanos de la Iglesia China, los compañeros del Instituto Bíblico Alianza donde él estudiaba, mis compañeros de la Richie y mis amigos de la infancia, los del Diez de Octubre. Agradecí mucho a Dios el haber podido tener a todos ellos reunidos en un momento tan especial para mí. Y este fue el versículo que decoraba la pared en el salón de la recepción:

*"Toda buena dádiva y todo don perfecto desciende de lo alto, del Padre de las luces, en el cual no hay mudanza, ni sombra de variación".*

*—Santiago 1.17*

# Fujishock

Nos casamos un 26 de julio de 1990, la semana en que Fujimori asumió al poder en su primer mandato; pasamos la luna de miel en la hermosa ciudad de Arequipa. Al volver a Lima, ocurrió algo terrible: los precios de los productos de panllevar habían subido a un trescientos por ciento. La economía del país estaba siendo restaurada a base del sacrificio de todos los peruanos, devaluando la moneda nacional de manera drástica. De la noche a la mañana, los peruanos nos habíamos quedado más pobres de lo que éramos.

La provisión de Dios fue buena para Carlos y para mí, porque recibimos muchos *hon pau* ("sobre rojo" que simboliza suerte y prosperidad) que contenían dinero en efectivo como regalo de bodas y, lo más importante: en dólares y no en soles. En ese tiempo, Carlos y yo trabajábamos para mi papá, y la distribuidora de arroz en la que laborábamos unas veinte personas, terminó vendiendo el arroz por kilos en la calle, en vez de por camiones a los mercados mayoristas. Fue un tiempo terrible para todos.

Yo recibiría un *shock* aún más permanente. A los dos meses de casada, fui a una ginecóloga solo para enterarme de que había concebido un bebé ¡En la noche de bodas! Estaba devastada después de la noticia, pues no teníamos casa, ni un trabajo independiente.

Apenada o no, nació mi hija Carolina totalmente sana, a pesar de que tuve una fiebre altísima al quinto mes de embarazo. Carlos, al ver que mi depresión no mejoraba, tomó una sabia decisión: nos iríamos a vivir con su mamá a Ventanilla.

Al sexto mes de nacida Carolina, me internaron para hacerme la primera de cinco cirugías por un problema ginecológico dolorosísimo llamado endometriosis. La pasaba tomando pastillas para el dolor, el farmacéutico del barrio estaba aterrado por la cantidad de

Motrin que yo compraba; cuando ya no me ayudaban las pastillas, me inyectaban sedantes. Fue así como nos decidimos por una operación. El alivio posoperatorio era impresionante, pero breve; prontamente volvían los dolores, las pastillas, los sedantes y luego otra cirugía, hasta llegar a la histerectomía total.

(Me atrevo a adivinar que, en el relato bíblico, la mujer del flujo que se sana al tocar el manto de Jesús, sufría de endometriosis).

Al mismo tiempo, me descubrieron problemas psiquiátricos: cambiaba drásticamente de un estado de euforia e hiperactividad, a una profunda depresión e inercia, de manera inexplicable. Fui de especialista en especialista, pero cada tratamiento era peor que el anterior. Recuerdo una vez haberme quedado dormida y luego haber despertado ¡Varios meses después! Carlos me contó que él me alimentó y me bañó en estado inconsciente por meses. Era una terapia de sueño, la cual mi esposo decidió quitármela porque no me hacía ningún bien. Después de eso, tuve insomnio por muchas semanas. Dormía sólo una o dos horas al día, hasta que el doctor Chang —que tenía su consultorio en calle Capón— me dijo: "¿Por qué no le consultas al doctor Queirol?".

Fuimos a San Isidro a ver al famoso doctor Queirol en su casa-consultorio, a pesar de sus altísimos honorarios. Luego de hablar con mis padres, con Carlos y conmigo, me recetó las dos medicinas que me curarían. Ahora esta enfermedad tiene nombre y es un poco más común: el síndrome bipolar. En aquel tiempo, solo había un laboratorio en Lima que hacía el dosaje de litio. Cuando vio el resultado de mi examen de sangre, Queirol me comenzó a recetar litio; y en la segunda visita me prescribió una medicina para la epilepsia con el fin de controlar los pensamientos erráticos.

Carlos ya había soñado con estas dos medicinas por su nombre genérico. Cuando las compró en la farmacia, debajo del nombre comercial vio el genérico —entonces él se conmovió muchísimo—y en su corazón dio gracias a Dios, porque sabía que esta vez sí me iba a curar. Desde que me quitó las pastillas de la terapia de sueño, él estuvo clamando a Dios para que me aliviara:

*"He aquí que yo les traeré sanidad y medicina; y los curaré, y les revelaré abundancia de paz y verdad".*

—*Jeremías 33.6*

Creo que Dios puede sanar milagrosamente, a través de doctores y medicinas (o sin ellos también). He visto al Señor curando cáncer, infertilidad y otros tipos de enfermedades. Como también he sido testigo de que Dios a veces no llega a dar la sanidad, y entonces lo comunica de distintas maneras. Pero, en mi caso, el Señor quiso sanarme y usó medicinas, las cuales aún tomo para mantenerme con salud.

La verdad sea dicha, Carlos fue quien más sufrió en esos años, pues trataba de terminar los estudios de teología mientras cuidaba de una esposa enferma casi todo el año y criaba a Carolina con ayuda de su mamá. En aquella época, de no haber sido por los cuidados de mi suegra, Lucrecia, no habríamos podido sobrellevar todas las dificultades. Le agradezco especialmente que le haya dado una infancia normal a mi hija.

Me llevaban todas las semanas a diferentes doctores, quienes no podían tratarme al mismo tiempo, pues debíamos decidir si recibía el tratamiento ginecológico o el psiquiátrico, pero no ambos a la misma vez, sino que alternábamos entre un especialista y otro. Los dolores abdominales eran como los del parto, con la diferencia de que no solo se presentaban en un día, sino todos los días del año. Por mi problema bipolar, no me dejaban salir sola a la calle, ni iba a la iglesia, pues en mi etapa hipomaniaca hacía y decía cosas que después lamentaba y andaba demasiado activa; en la etapa depresiva, era todo lo contrario: solamente quería estar encerrada, sin ganas de decir ni hacer absolutamente nada.

Mi papá incluso le ofreció a mi esposo su libertad, pues quiso internarme en una institución para enfermos mentales; pero él se negó, respondiéndole que nos casamos "en salud y enfermedad". ¡Gracias a Dios por ello, porque ahora todavía estaría recluida en un sanatorio!

Carlos era pastor asociado en la Iglesia Alianza de Ventanilla y trataba de servir a Dios con alegría, aunque pocos sabían lo enferma que yo estaba, porque él aparentaba alegría cuando iba al templo. Fueron años de dolor, pero también de poder ver la misericordia de Dios. Poco antes de venir a los Estados Unidos, me hicieron la histerectomía total y, con ello, la endometriosis y los dolores se acabaron. El problema bipolar es ahora una enfermedad más conocida y la medicina es más moderna, de tal manera que puedo vivir una vida relativamente normal.

> *"Hubiera yo desmayado, si no creyese que veré la bondad de Jehová en la tierra de los vivientes. Aguarda a Jehová; esfuérzate, y aliéntese tu corazón; sí, espera a Jehová".*
>
> —*Salmos 27.13, 14*

# Don Cecilio

Papá era conocido, simplemente, como "Don Cecilio". Desde los trece años, trabajaba como empleado en una tienda de abarrotes, pues mi abuela Carmen lo había sacado de la escuela en la China para venir al Perú a sacar adelante a la familia.

Don Cecilio nació en Chiclayo el año 1939 y perdió a su padre, Apo Chu, quien fue un exitoso negociante, por un derrame cerebral a la edad de cuarenta años. Así que, huérfano a la edad de tres años, fue a la China con mi abuela, una viuda realmente joven, y sus hermanos, pequeños todos aún.

Mi abuela contrajo segundas nupcias, pero la situación económica en la China de la posguerra era terrible, por lo que decidieron enviar a mi papá y a su hermano mayor, mi tío Fausto, de regreso al Perú.

"Cecilio, es tiempo de que regreses al Perú", con estas simples palabras mi abuela Carmen ordenaba a mi papá a olvidar sus estudios a los trece años. A él se le corrían las lágrimas viendo a otros muchachos ir al colegio con sus maletines escolares, mientras él se preparaba para viajar al Perú a trabajar.

Trabajaron ambos en Lima desde adolescentes por años, enviando remesas de casi todo el sueldo que recibían, quedándose con sólo un poco de dinero para ir al peluquero, hasta que pudieron traer primero al abuelo Jorge, luego a la abuela y a los hermanos menores: Carmela, Julio y Félix.

Mi abuela, al llegar al Perú, instó a ambos jóvenes a abrir su propio negocio de abarrotes mayorista, lo cual lograron gracias a los contactos de negocios que habían adquirido en todos esos años de trabajar como empleados. Fue una arriesgada decisión porque no contaban realmente con un capital inicial.

El negocio de abarrotes prosperó y lograron abrir, en los setenta, una granja de patos pekineses para abastecer a los restaurantes chinos. Más adelante, en los años ochenta, iniciarían un negocio que se encargaba de distribuir arroz, cuando el comercio de este cereal dejó de ser monopolizado por el Estado peruano. También construyeron para mi abuela, el sueño de su vida, una enorme casa con piscina en Monterrico.

Don Cecilio era de esas personas que, aunque dirigía un negocio, solía prestar dinero a sus empleados y luego "se olvidaba" de cobrarlo. Nunca denunciaba a quienes les robaban y siempre tenía la disposición de ayudar quienes lo necesitaban, aunque saliera perjudicado económicamente. Era quien resolvía los conflictos, fueran de su familia o de sus trabajadores, y era muy querido por todos quienes lo conocían.

Recuerdo una conversación entre él y un empleado suyo, en aquellas épocas en que el Estado peruano aún no prevenía a la población acerca de control de la natalidad:

— Don Cecilio, ¿Me puede hacer un préstamo?
— ¿Para qué?
— Mi esposa está embarazada.
— ¿Otra vez? ¿Cómo? ¿Ustedes no se cuidan?
— No, don Cecilio, no sabemos cómo.
— ¿Cuántos hijos tienes ya?
— Cinco, con este que viene, seis.

En esa ocasión, fui testigo de cómo mi papá le explicaba el uso de anticonceptivos y condones y le dio el préstamo, el cual, supongo, nunca se lo cobró.

Otro aspecto que me maravillaba de él era esa capacidad que tenía de perdonar a quienes lo ofendían. Por ello, creo firmemente lo que Pablo dice:

> *"Porque cuando los gentiles que no tienen ley, hacen por naturaleza lo que es de la ley, éstos, aunque no tengan ley, son ley para sí mismos, mostrando la obra de la ley escrita en sus corazones, dando testimonio su conciencia, y acusándoles o defendiéndoles*

*sus razonamientos, en el día en que Dios juzgará
por Jesucristo los secretos de los hombres, conforme a
mi evangelio".*

—*Romanos 2.14–16*

Hubo un hecho que me hizo quererlo aún más. En la época en que mi abuela Carmen cayó en cama por cáncer pulmonar, papá iba todas las noches a cuidarla, llevarla al baño y ayudar a asearse. Él siempre fue hipocondriaco y veía bacterias —verdaderas o ficticias— en todo lo que lo rodeaba, pero dejó de lado sus manías para cuidar a su mamá. Es más, me mandó a que acompañara a la abuela de día mientras recibía las quimioterapias, y él dormía en el hospital con ella en las noches, después de sus agotadoras horas en el trabajo.

Papá fue un hombre admirable por su honestidad. Cuando liquidó sus negocios después del *Fujishock*, no quedó con deuda, ni con los proveedores, ni con sus empleados. Tampoco tenía los medios económicos para levantar un nuevo negocio, así que se vino con visa de residencia a los Estados Unidos a trabajar como lavaplatos, junto con mi mamá, recibiendo tan sólo un sueldo por los dos. Pero de esa manera ambos podían estar juntos y tener un día libre para pasear por Miami, lo cual era inusual en ellos (pues en Lima, los domingos las pasaba haciendo cuentas de los negocios).

Estuvo muy orgulloso de sí mismo cuando sacó su licencia de conducir en la Florida, aunque no la necesitara, pues tomaban los buses del transporte público. Y se sentía rejuvenecido al poder empezar de nuevo en los Estados Unidos a la edad de sesenta años, como si fuera aquel muchachito que regresó de trece al Perú.

Finalmente, decidió que la vida en los Estados Unidos, aunque lo rejuvenecía, también lo estaba alejando de nosotros. Así que regresó a Lima, pero antes llevó el currículum vítae de Carlos a la ciudad de Athens, al norte de Atlanta, para el pastor que lo contrataría en los Estados Unidos. Papá quería cerciorarse por sí mismo de que iríamos a establecernos en un buen lugar.

A un mes de haber regresado a Lima, le dio un ataque cardiaco y falleció en brazos de mi mamá, quien lo estaba llevando al hospital en taxi. Gracias a Dios, mi hermano Goyo y su esposa Mónica ya contaban con un negocio próspero que mi papá les ayudó a iniciar; mi hermano Raúl había apenas terminado la carrera de Ingeniería Industrial; y Carlos y yo teníamos una propuesta para ir a los Estados Unidos.

Nosotros estamos conformes con la manera en que Dios se lo llevó, pues una convalecencia en un hospital habría matado su espíritu. Mis tíos y tías lo lloraron mucho y más lo lloraron sus empleados, quienes ahora trabajan, en su mayoría, con Goyo.

Mi hija Carolina y sus primitos Pablo y Catherine, recordarán a su abuelito Cecilio porque veían las caricaturas de Tom y Jerry juntos. También se los llevaba al puesto de periódicos a comprarles cajitas llenas de sorpresas. Mi sobrina Sophie, hija menor de Goyo, y los gemelos de mi hermano Raúl (Diego y Matías), nunca tuvieron la oportunidad de disfrutar de su abuelito; pero estoy segura de que papá, de haber vivido para conocerlos, habría sido sumamente feliz y los hubiera consentido con cosas sencillas.

Al morir, papá se fue dejándome con un gran vacío. Muchos lo extrañamos, pues hombres nobles, capaces de inspirar a otros, son escasos… y Don Cecilio fue uno de ellos.

*"La memoria del justo será bendita".*

*—Proverbios 10.7a*

# Los Estados Unidos

En 1995, Carlos comenzó a pedirle a Dios que nos llevara a los Estados Unidos. De esta oración no me comentó nada, pero una noche soñé con cárceles para inmigrantes que no tenían papeles para trabajar en los Estados Unidos. Conmovida, le conté a Carlos lo que había soñado y coincidió con las noticias de unas redadas masivas de inmigración en aquella época. Decidimos, entonces, orar los dos para poder venir a trabajar con gente inmigrante, pero queríamos hacerlo en calidad de pastor o trabajador religioso.

Después de orar por un año, Dios nos mostró que la única manera de ir a Estados Unidos era que alguien de allí llegara a Ventanilla, pues no contábamos con ninguna persona de contacto. Fue así como apareció la hermana Fidelina de Athens, Georgia, en la iglesia de Ventanilla. Ella sabía que Dios la estaba enviando a Perú en una misión y pensó que era la de llevar a su madre a la iglesia, mas nunca imaginó que Dios la usaría para conectarnos y presentarnos a su pastor en Athens, el reverendo Manuel Rojas, quien deseaba jubilarse y estaba buscando pastores para el noreste de Georgia.

Mi papá quiso conocer Athens antes que nosotros y llevó el currículum de Carlos, personalmente a Georgia. Regresó satisfecho y nos animó a que sacáramos la visa de turistas los tres: Carlos, Carolina, quien tenía seis años, y yo. En ese entonces pensamos dos cosas: que papá estaba loco, pues era muy difícil obtener una visa (más aún, para toda la familia) o que tenía más fe que nosotros, pues la invitación a predicar era sólo para Carlos; mas él insistió tanto que fuimos a sacar visas para los tres y, para sorpresa nuestra, nos las otorgaron.

Vinimos aquí varias veces entre 1998 y 1999, siempre con la visa de turista, hasta que ofrecieron a Carlos un contrato permanente para trabajar como pastor aquí en Athens, así que fuimos al consulado americano en Lima por segunda vez a solicitar una visa como trabajador religioso.

Para ambas visas, el pastor Donald Scarrow, quien era director de la Misión Alianza Cristiana y Misionera, escribió unas cartas con muy buenas referencias de Carlos, dirigidas al cónsul americano. Carlos, quien había visto sólo de lejos al pastor Scarrow en sus años de estudiante de teología, nunca imaginó que él se ofrecería a escribirle tales cartas de recomendación. En ambas ocasiones en que fue Carlos a su oficina, el pastor Scarrow le pidió que le relatara qué era lo que Dios le estaba mostrando, para luego acotar de manera enigmática: "Se va a requerir de un milagro para que te den la visa". El milagro ocurrió por partida doble y debemos manifestar nuestro agradecimiento a Dios y al reverendo Scarrow.

Por la gracia del Señor, nos adaptamos rápidamente a la gente de la iglesia hispana, quienes en su mayoría eran de origen mejicano. A Carolina le fue muy bien en la escuela, a pesar del inglés, y su maestra la recomendó para algunos premios estudiantiles en su primer año en Athens.

Aquí en los Estados Unidos mi salud fue mejorando, aunque nunca pude trabajar consistentemente fuera de casa, mas Dios ha hecho que sobrevivamos solo con el sueldo de Carlos. En un inicio, su salario era bastante bajo y nosotros supimos que, tal como Dios nos proveyó en el Perú para todas nuestras necesidades, lo iba a hacer también aquí en los Estados Unidos.

Mientras vivíamos en Ventanilla hubo muchos momentos en las cuales nosotros no sabíamos si íbamos a poder pagar una cuenta, pero Dios siempre enviaba el dinero justo para aquella necesidad. En otras ocasiones, cuando regresábamos de algún trabajo de la iglesia en la noche, nos preguntábamos si podríamos hacer compras para la casa al día siguiente. Pero, cuando llegábamos, había víveres y dinero en efectivo que alguien de la iglesia dejaba para nosotros. Misteriosamente, mi suegra nunca se percató de quién era nuestra benefactora. Mucho tiempo después, supimos que era la hermana Violeta, quien, antes de venirnos a Estados Unidos, nos dio una generosa ofrenda en dólares. Nunca olvidaremos a todos aquellos que, movidos por el amor de Dios, nos sostuvieron, no sólo económicamente, sino también en oración.

*"Bienaventurados los misericordiosos, porque ellos alcanzarán misericordia".*

—*Mateo 5.7*

Así como Violeta, hubo muchos otros que tuvieron misericordia de nosotros, pues sabían que la iglesia sólo nos daba para la gasolina y Carlos debía hacer de taxista para poder mantenernos. No nos quejamos, pues aquella era la voluntad de Dios en aquel tiempo.

El hermano Máximo, quien ahora está en la presencia del Señor, es una muestra del poder de Dios. Él era carnicero en Ventanilla y muy diferente de su esposa, Lida, quien es extremadamente generosa. Máximo llegó a los pies de Cristo siendo bastante mayor. Dios le dijo que ofrendase al pastor Baca y su familia medio kilo de carne de su negocio cada quince días. Su obediencia a Dios y su generosidad nos hizo la vida más fácil durante esos años de escasez.

*"Hay quienes reparten, y les es añadido más… el alma generosa será prosperada; y el que saciare, él también será saciado".*

—*Proverbios 11.24, 25*

No sé por qué tenía la idea equivocada de que en los Estados Unidos no se iba a manifestar la misericordia de Dios, pero la verdad es que desde que llegamos fueron muchos los hermanos que nos abrieron las puertas de sus casas y sus corazones, y recibimos de ellos no sólo hospedaje, sino también manos amigas que nos sostuvieron intercediendo por nosotros también.

Muchos son los que nos ayudaron a tener una vida más llevadera en este país, pero el mejor regalo lo daría la escuela Athens Christian School, al otorgar a Carolina una beca completa por espacio de ocho años.

Mi hija, en el segundo año en Athens, que era de ocho años de edad, había comenzado con actitudes muy negativas y una rebeldía inexplicable, que me hacían reaccionar con violencia frente a ella. Carlos y yo estábamos asustados por la situación en casa y sentíamos total impotencia. Pero la agresividad de Carolina duraba de lunes a viernes, pues los fines de semana era la misma niña tranquila que siempre fue. No fue difícil adivinar que esta influencia venía de la escuela pública. Por ello, Carlos tenía en mente regresar al Perú, pues antes prefería perder el trabajo que a su hija. Mas, gracias a la intervención del hermano Jack, diácono anglo de nuestra iglesia, el colegio privado Athens Christian School nos ofreció una beca, que la renovaron durante ocho años consecutivos, hasta que Carolina logró egresar de la escuela secundaria.

Otros milagros nos esperaban cuando terminó la escuela: por un lado, le ofrecieron una beca completa para la Universidad de Georgia, auspiciada por la fundación "Millenium" de Bill Gates; y, por otro lado, el jefe de Carolina (ella trabaja los fines de semana como recepcionista) le regaló una moderna computadora para su uso personal. Afirmo ahora que la educación de nuestra hija se la debemos a Dios y a personas e instituciones generosas que nos ayudaron durante todo este tiempo.

# E-mails

Los primeros años en los Estados Unidos fueron difíciles. Había estudiado inglés desde muy temprana edad, pero el americano usualmente habla rápido y usa muchos modismos. Aquí, en Georgia, tienen, además, un fuerte acento sureño, lo que hace muy complicado entenderlos. Carolina se adaptó sorprendentemente rápido al idioma, pues en el Perú, después de que aprendió a leer en español a los cinco años, inmediatamente le enseñé a leer en inglés y, aunque no entendiera del todo el significado de lo que leía, me concentré en que pudiera identificar los sonidos. Terminado su primer año en la escuela pública, estaba nivelada en todos los cursos.

Carlos y yo nos adaptamos al idioma con más lentitud. Pasé muchas horas con la televisión prendida para poder mejorar mi inglés. Pero Dios, en su misericordia, me concedió en mi primer año una petición que hice antes de movernos acá: tener una amiga americana. Katie comenzó a dar clases de inglés como segunda lengua en nuestra iglesia y fuimos amigas inseparables durante ese primer año, hasta que ella y su esposo, por razones de trabajo, se trasladaron a otro estado. Katie me enseñó no sólo el idioma, sino también cómo vivir en los Estados Unidos. Aunque ella era más joven que yo, compartimos muchas cosas juntas y, cuando se fue, me dejó un vacío muy grande.

En esos primeros años, Carlos se la pasaba en la oficina y Carolina en la escuela, yo no tenía visa de trabajo ni tampoco un carro para poder transportarme, así que me quedaba en casa todos los días, deseando solamente poder hablar con alguien. Comunicarse al Perú por teléfono era sumamente costoso, pues no había tantas opciones como las hay ahora, pero pronto llegó la solución a mi aislamiento: Internet. Me sentí sumamente feliz cuando pudimos tener conexión en casa. Más aún cuando un día recibí un correo electrónico de Raúl, un amigo del colegio Diez de Octubre. Mis ex compañeros de estudios habían formado un grupo para enviarse correos electrónicos y Raúl me invitaba a participar en él. Me emocioné tanto que estuve escribiendo a toda hora (mañana, tarde, noche y madrugada), pues no había hablado con ellos por más de veinte años, salvo brevemente durante el funeral de mi papá, cuando algunos vinieron a darme el pésame. Dios me daría más adelante otro regalo: pude ver a mis amigos de la infancia en un par de ocasiones cuando regresé a Lima a visitar a la familia.

En el año 2008, cumplimos veinticinco años de haber egresado y, como parte de la celebración, pudimos ver un CD con fotos desde nuestros primeros días en el colegio, preparado pacientemente por mi buena amiga Teresa. Realizaron varias reuniones en Lima para festejar la ocasión y el reencuentro fue memorable. Pero la sorpresa más grande nos la dieron Enriqueta y Jaime —ambos compañeros desde el primer grado de Primaria—quienes contrajeron matrimonio hace poco y ahora tienen una hermosa niña.

Hay personas que encuentran a su "media naranja" por medio de Internet. Como en la película *You've got Mail*, mi hermano Raúl encontró a Ketty a través de la red, "chatearon", se escribieron correos electrónicos y ahora están casados y tienen un par de gemelos muy graciosos.

El correo electrónico no solo nos conecta con los seres queridos, sino que en la mayoría de negocios es una herramienta de comunicación y recolección de datos. Hoy en día, para postular a la universidad o a un trabajo, primero se llena el formulario por Internet, y si se necesita información de cualquier tipo, se la busca en la red, en vez de ir a una biblioteca.

En el caso de Carlos, él se comunica con otros pastores, estén en donde estén, por medio de correos electrónicos y coordina viajes misioneros de esta manera. Su jefe y él, en vez de llamarse por teléfono, prefieren enviarse mensajes de texto. Sin embargo, hay un peligro con los correos electrónicos y los mensajes de texto: estos no transmiten las expresiones faciales ni el tono de voz; por ello, en más de una ocasión he visto malos entendidos por el uso de estos medios.

*"Muchos correrán de aquí para allá, y la ciencia aumentará".*

—*Daniel 12.4b*

Por mi parte, he formado buenas amistades con las hermanas de mi iglesia, aquí en Athens y en las misiones que nos toca apoyar. También tengo a mi confidente por teléfono, quien es mi amiga Ana. Asimismo, cuento con la presencia del Señor en mi vida. No me siento sola en este país que no es el mío. Todavía escribo correos electrónicos, aunque muy de vez en cuando, en parte por desidia y en parte porque confío en que Dios me dé la dicha de reencontrarme con quienes amo y me regale un tiempito con ellos… cara a cara.

# A todas las naciones

Ya tenemos trabajando en los Estados Unidos mucho tiempo y hemos comprobado que la gran mayoría de iglesias hispanas en este país no son muy fuertes. Esto ocurre porque sus miembros son inmigrantes de primera generación que muchas veces regresan a sus países de origen. Asimismo, si ya eran creyentes en sus países, anhelan encontrar una iglesia como la que dejaron atrás, y eso no es posible. Entonces, ¿Cuál es la labor de las iglesias hispanas en América? Pues la de formar un cuerpo de creyentes en Cristo que testifiquen el amor de Dios en sus comunidades y tengan la visión de llevar el evangelio hasta el fin del mundo.

Nuestra iglesia en Athens no es una mega-iglesia. Los hermanos que nos congregamos, aunque seamos de diferentes nacionalidades, nos respetamos y ayudamos mutuamente. Estamos todos procurando ser fieles al Señor en el estudio de la Palabra de Dios y en las oraciones, también en nuestros diezmos y servicio dentro de la iglesia y hacia la comunidad.

Yo doy gracias a Dios porque Jerry Haas, quien era jefe de mi esposo, creó una fundación misionera llamada World Reach mientras trabajaba en proyectos misioneros en Rumanía. Hace poco incluyó a Carlos para trabajar con él en países de habla hispana y, a través de World Reach, viajó a Honduras, España, México, Argentina, Chile, la selva de Perú y al valle sagrado en el Cusco. También ha podido iniciar una misión bautista en Lima. Este año planean visitar unos pueblos en San Martín y tienen el proyecto de establecer varios institutos bíblicos en Calca, en el Cusco, en San Martín y en Puno. Tenemos también un instituto bíblico aquí en Athens con un departamento en inglés y otro en español.

Hoy Jerry ya no esta entre nosotros, pero su fe y fuerte deseo de evangelizar el mundo nos ha dejado con un vacío difícil de llenar. Lo extrañamos.

No sabemos lo que Dios tiene preparado para nuestro futuro, pero no debemos permitir que las diferencias de idiomas, raza, idiosincrasia o cualquier otra barrera, nos impida dar prioridad a la Gran Comisión. La iglesia hispana debe ser consciente de esto: aquí en América están los recursos materiales para alcanzar a los perdidos, si aprendemos a trabajar en coordinación con la iglesia anglo.

> *"…id y haced discípulos a todas las naciones, bautizándolos en el nombre del Padre, y del Hijo, y del Espíritu Santo; enseñándoles que guarden todas las cosas que os he mandado; y he aquí yo estoy con vosotros todos los días, hasta el fin del mundo".*

> *—Mateo 28.19–20*

Hay dos anécdotas que me hacen reflexionar profundamente en la necesidad de llegar hasta el último rincón del mundo llevando la Palabra de Dios. El pastor Yip, quien paso a la presencia de Dios recientemente, ministraba una iglesia china en Atlanta, fue a un caserío en Harpíng, al norte de la China, casi frontera con Rusia. Allí se congregaron chinos de diferentes aldeas por cuatro días y pidieron al pastor Yip predicar desde las seis de la mañana hasta muy entrada la noche, dándole sólo breves descansos de diez minutos y tiempo justo para tomar los alimentos e ir al baño. La necesidad de escuchar la Palabra era tan apremiante que los oyentes durmieron en el suelo todos esos días.

El otro suceso que me impactó fue cuando Carlos estuvo en el Valle Sagrado del Cusco. En cierta aldea lo agasajaron con flores desde la entrada; muy asustado, mi esposo les preguntó el significado de tal recibimiento, ante lo cual contestaron ellos: "Esta es la primera vez que un pastor del evangelio nos ha llegado a visitar".

Hace poco también lograron ir a algunas aldeas en el departamento de San Martín, viajando por tierra y luego por vía fluvial; el fruto de ese esfuerzo fue el de establecer clases de teología para los líderes y pastores de Huimbayo y sus alrededores, regiones de difícil acceso, pero con gran necesidad de Dios.

Estoy sorprendida y muy agradecida por cómo Dios está usando a Carlos en pueblos que tienen gran hambre y sed de la Palabra; al mismo tiempo, espero que siga entrenando una nueva generación de pastores y siervos que continúen la obra encomendada en Mateo 28.19–20.

También doy gracias al Señor por la iglesia en Athens, pues es muy amigable y activa en sus deberes para con Dios y la comunidad hispana. Hemos llegado a conformar un solo cuerpo de creyentes, personas de tan distintos países como Méjico, el Salvador, Guatemala, Honduras, Nicaragua, Puerto Rico, Republica Dominicana y Perú y nuestros hermanos de Estados Unidos que llegaron a nosotros hablando tan solo "un poquito" de español y ahora son fluidos en nuestro idioma.

Nuestra Iglesia madre, Prince Avenue Baptist Church (PABC) ha apoyado y apoya a Carlos y sus lideres enormemente. PABC es una iglesia que tiene una clara visión de la Gran Comisión y el trabajo de Dios.

En cuanto a mi hija Carolina —quien ya está en edad adulta— ha sido nombrada por su empresa a trabajar en Shanghai, China, abriendo supermercados Aldi. Recientemente se casó con Paul Forero, Colombia-Americano, y juntos están iniciando una vida en ese lejano país.

Yo, por mi parte, espero seguir apoyando a mi esposo y a la iglesia, en lo que sea necesario; y anhelo fervientemente continuar escribiendo y testificando del poder de mi Señor con la palabra impresa.

# About the Author

Ana Yolanda Chu, born in Peru, studied business administration, theology, English, and Chinese. When she was twenty years old, she traveled to Guanzhou, China, and learned Mandarin. She also attended an underground Christian church. For ten years, she served the Lord with her husband, Carlos Baca, at a Christian and Missionary Alliance near Lima, Peru. After that, her family moved to Athens, Georgia, in the US. Over there, they became part of the family of Prince Avenue Baptist Church. She had served as chaplain at Marketplace Chaplains USA. Right now, she is dedicated to writing and painting. The couple has a daughter, Carolina Forero.